本书为江西省社科规划项目"传统制造产业数字化驱动产业链现代化水…
景德镇陶瓷大学对接景德镇国家陶瓷文化传承创新试验区建设 2022 年度…
瓷产业数字化与陶瓷数字经济产业化研究"（2022ZD03）成果。

杨建仁　等著

景德镇陶瓷文化传承与发展

——陶瓷史·技艺·产业·产业集群

经济管理出版社

ECONOMY & MANAGEMENT PUBLISHING HOUSE

图书在版编目（CIP）数据

景德镇陶瓷文化传承与发展：陶瓷史·技艺·产业·产业集群/杨建仁等著 . —北京：
经济管理出版社，2023. 10
ISBN 978-7-5096-9407-7

Ⅰ . ①景… Ⅱ . ①杨… Ⅲ . ①陶瓷—文化产业—产业发展—研究—景德镇 Ⅳ . ①G124

中国国家版本馆 CIP 数据核字（2023）第 215336 号

组稿编辑：杨　雪
责任编辑：杨　雪
助理编辑：付姝怡
责任印制：许　艳
责任校对：蔡晓臻

出版发行：经济管理出版社
　　　　　（北京市海淀区北蜂窝 8 号中雅大厦 A 座 11 层　　100038）
网　　址：www. E-mp. com. cn
电　　话：（010）51915602
印　　刷：唐山昊达印刷有限公司
经　　销：新华书店
开　　本：720mm×1000mm/16
印　　张：15
字　　数：222 千字
版　　次：2023 年 10 月第 1 版　2023 年 10 月第 1 次印刷
书　　号：ISBN 978-7-5096-9407-7
定　　价：78. 00 元

—总序—

　　景德镇陶瓷大学坐落于首批国家历史文化名城——江西省景德镇市，是全国唯一一所以陶瓷命名的多科性大学，是全国首批 31 所独立设置的本科艺术院校之一、94 所具有资格招收中国政府奖学金来华留学生的高校之一，是教育部卓越工程师教育培养计划高校、教育部深化创新创业教育改革示范高校、文化和旅游部中国非物质文化遗产传承人群研修研习培训计划首批参与院校、全国创新创业典型经验高校和首批转型发展试点院校，现已发展成为全国乃至世界陶瓷人才培养、陶瓷科技创新和陶瓷文化艺术交流的重要基地。

　　景德镇陶瓷大学肇始于 1910 年由中国近代实业家、教育家张謇等创办的中国陶业学堂，曾经九易校名、四迁校址、四度中断，历经艰辛，颠沛流离，然初心不移，血脉贯通，文脉相承，弦歌不辍，始终根植于陶瓷行业这片沃土，经过一代又一代陶大人的努力奋斗，形成了自己的优良传统和独特的精神文化品格，即"养成明白学理、精进技术人才，以改良陶业"的办学宗旨，"培养为陶瓷业服务的尖兵"的人才培养目标，"脑手并用、科艺结合、专攻深究"的人才培养理念，"诚朴恕毅"的校训，"勉知力行"的校风和"发扬国粹、利民裕国"的精神。

　　伴随着 1984 年景德镇陶瓷学院企业管理系的成立与发展变迁，陶瓷经济与管理学科建设与科学研究在这里开始萌芽并蓬勃发展。当历史的年轮跨入 2023 年的时候，陶瓷经济与管理学科建设与科学研究在这里发展刚好 40 周年。40 年来，一批批陶瓷经济与管理学者怀着复兴中国瓷业经济的使命与梦想，摒弃浮华，追求本真，以科学家精神引领创新，从陶瓷产品品牌打造、陶瓷企业竞争力与可持续发展、陶瓷产业绩效与发展战略、陶瓷产业价值链提升和陶瓷产业集群升级、陶瓷文化传承创新发展等多方面进行了开创研究和深入探索，发展形成了陶瓷产业经济与管理学科研究的逻辑体系，铸造了陶瓷经济管理的创新精神和学科优势，提升了陶瓷经济管理的学科影响力，构建了独特的陶瓷经济管理话语体系。

陶瓷经济与管理学科发展促进学院从企业管理系到工商学院再到管理与经济学院的更替发展。近年来，陶瓷经济与管理作为本校三大优势特色学科群之一，更成为景德镇陶瓷大学重点发展学科与发展领域。2023 年是实施"十四五"规划承上启下的关键之年，也必将是我院陶瓷经济与管理学科发展在沿承历史基础上，开创新辉煌的起点。正是基于此信念，我们组织撰写出版了陶瓷经济与管理丛书，旨在打造一个展示陶瓷经济与管理研究成果的平台，为陶瓷经济与管理学科发展添砖加瓦，为建设有重要国际影响的高水平陶瓷大学做出积极贡献！

2023 年 10 月于景德镇陶瓷大学

—前言—

　　景德镇是享誉中外的千年古镇、世界瓷都。对景德镇的世界瓷都地位，郭沫若有诗赞曰"中华向号瓷之国，瓷业高峰是此都"。景德镇因瓷而兴，因瓷而名，瓷器的英文单词为"china"，与中国英文单词"China"只有首字母大小写的区别，前者的来源为景德镇的旧称——昌南。世界认识中国，从景德镇开始，从陶瓷开始。

　　景德镇陶瓷既是一段历史，也是一套技艺，一个产业，一个产业集群。作为一段历史，景德镇陶瓷有着 2000 多年的冶陶史，1000 多年的官窑史，600 多年的御窑史，无比灿烂辉煌。作为一套技艺，景德镇陶瓷"共计一坯之力，过手七十二，方克成器。其中微细节目，尚不能尽也"，其分工之明细、工序之繁杂、技艺之精湛、成就之高、影响之大，是世界范围内任何其他窑场都难以企及的。作为一个产业，景德镇陶瓷让这座城市在明朝成为全国制瓷业的中心，成为全世界最早的工业化城市，并以一业主撑一城，历千年而不衰，引举世之瞩目；景德镇迄今仍是全球最具影响力的陶瓷历史文化名城，拥有无与伦比的文化象征性与影响力。作为一个产业集群，景德镇陶瓷早在宋朝就发展成为"村村窑火，户户陶埏"的景观。景德镇陶瓷的一段历史、一套技艺、一个产业和一个产业集群，最终汇集成一种文化，这就是景德镇陶瓷文化。景德镇陶瓷文化是一种海纳百川、开放包容的文化，以"汇天下良工之精华，集天下名窑之大成""匠从八方来，器成天下走"著称于世；景德镇陶瓷文化也是一种精益求精、勇于创新的文化，景德镇陶瓷中闪耀的精品意识和千年不熄的窑火铸就的工匠精神早已成为这座城市的标签。千百年来，景德镇陶瓷曾与丝绸、茶叶一起作为古代中国最具代表性的三大对外贸易商品，"行于九域，施及外洋"，影响广泛而深远。在漫漫的历史长河中，景德镇陶瓷文化逐渐发展成为中华民族优秀传统文化的杰出代表。

新时代新征程，要赓续中华文脉、传承文化基因，必须坚持推进中华民族优秀传统文化创造性转化、创新性发展，让中华民族优秀传统文化既坚守本根，又不断与时俱进。本书致力于推进景德镇陶瓷文化传承发展，分别从陶瓷史、技艺、产业、产业集群四个维度，分四篇共八章开展研究。

第一篇为景德镇陶瓷史，分"景德镇陶瓷古代史"与"景德镇陶瓷近现代史"两章。"景德镇陶瓷古代史"为全书第一章，本章按时间顺序分六个重要阶段对景德镇陶瓷古代史进行了回顾：一是东汉至南北朝时期的"新平冶陶，瓷业形成"，二是隋唐至五代时期的"起步之初，声名鹊起"，三是宋朝时期的"异军突起，跻身名窑"，四是元朝时期的"成就辉煌，并驾齐驱"，五是明朝时期的"一枝独秀，瓷业中心"，六是清朝前期的"瓷业高峰，盛极而衰"。"景德镇陶瓷近现代史"为全书第二章，该章按时间顺序分三个重要阶段对景德镇陶瓷近现代史进行了回顾：一是清朝后期的"急转直下，艰涩晦暗"，二是民国时期的"动荡不安，凋败衰落"，三是中华人民共和国成立以来的"迎来新生，走向复兴"。

第二篇为景德镇手工制瓷技艺传承保护，分"景德镇手工制瓷技艺及其传承保护意义分析""基于WSR方法论的景德镇手工制瓷技艺传承保护研究"两章。"景德镇手工制瓷技艺及其传承保护意义分析"为全书第三章，该章概述了景德镇手工制瓷技艺的构成、特征与功能价值，分析了景德镇手工制瓷技艺传承的当代困境，阐述了景德镇手工制瓷技艺传承的保护意义。"基于WSR方法论的景德镇手工制瓷技艺传承保护研究"为全书第四章，该章首先构建了景德镇手工制瓷技艺传承保护的WSR分析框架，其次进行了景德镇手工制瓷技艺传承保护状况的WSR分析，最后提出了景德镇手工制瓷技艺传承保护的 WSR 建议。

第三篇为景德镇陶瓷产业优化升级，分"景德镇陶瓷产业现状及其优化升级必要性分析"与"'科技+信息+文化'推进景德镇陶瓷产业优化升级研究"两章。"景德镇陶瓷产业现状及其优化升级必要性分析"为全书第五章，该章从产业概念与陶瓷产业链入手，阐述景德镇陶瓷产业组织、规模与结构现状，总结其优势与劣势，分析基于优化升级的内容与必要性。"'科技+信息+文化'推进景德镇陶瓷产业优化升级研究"为全书第六章，该章首先通过梳理研究成果，从产业结构优化升级、产业链优化升级与产业集群升级三个方面对产业升级进行了阐释。其次通过回顾人类社会经济发展历史与研究成果，探索景德镇陶瓷产业优化升级驱动力。最后提出以"科技+信息+文化"驱动景德镇陶瓷产业优化升级路径。

第四篇为景德镇陶瓷产业集群与区域经济耦合发展，分"陶瓷产业集群—区域经济空间耦合及其评价""陶瓷产业集群—区域经济耦合发展战略"两章。"陶瓷产业集群—区域经济空间耦合及其评价"为全书第七章，该章首先从产业集群—区域经济发展实践中耦合现象分析入手，分析其耦合内容，探索其耦合机理。其次从陶瓷产业集群—区域经济空间耦合评价指标体系和评价模型两个方面，构建陶瓷产业集群—区域经济空间耦合评价体系。最后运用该评价体系，对景德镇陶瓷产业集群—区域经济空间耦合进行了评价研究。"陶瓷产业集群—区域经济耦合发展战略"为全书第八章，该章从地方政府、景德镇陶瓷产业集群两个角度，提出了促进景德镇陶瓷产业集群—区域经济耦合发展的战略。

本书作为景德镇陶瓷大学管理与经济学院、江西省委宣传部智库研究基地——中国陶瓷发展研究院、江西省哲学社会科学基地——中国陶瓷产业发展研究中心和江西省管理科学研究基地——陶瓷企业创新与产业发展研究基地建设成果，得到江西省社科规划项目"传统制造产业数字化驱动产业链现代化水平提升研究"（项目批准号：23YJ49D）和景德镇陶瓷大学对接景德镇国家陶瓷文化传承创新试验区建设 2022 年度理论研究重大课题"陶瓷产业数字化与陶瓷数字经济产业化研究"（项目编号：2022ZD03）资助。本书也是集体智慧的结晶与共同努力的成果，全书由杨建仁（景德镇陶瓷大学管理与经济学院）构思设计并负责撰写、统稿，吴华风（景德镇陶瓷大学管理与经济学院）、王伟（广西财经学院中国—东盟统计学院）、徐颖（中国轻工业陶瓷研究所）、郑芳（景德镇陶瓷文化传承创新中心）、仇馨（景德镇陶瓷大学管理与经济学院）、王纪钢（景德镇陶瓷大学管理与经济学院）、王鹤（景德镇陶瓷大学管理与经济学院）、何童（景德镇陶瓷大学管理与经济学院）参与撰写，各章撰写执笔的具体情况为：第一章由王伟、杨建仁撰写，第二章由徐颖、杨建仁撰写，第三章由仇馨、杨建仁、郑芳撰写，第四章由仇馨、杨建仁、郑芳撰写，第五章由杨建仁、王纪钢撰写，第六章由杨建仁、王鹤撰写，第七章由杨建仁、何童撰写，第八章由吴华风、杨建仁撰写。

在编写过程中，笔者参阅了大量文献资料，参考借鉴了许多专家、学者的研究成果，得到了景德镇市统计局、景德镇国家陶瓷文化传承创新试验区管理委员会办公室（市瓷局）、景德镇市文化广电新闻出版旅游局、景德镇科技局、中国陶瓷工业协会同志与国内众多科研同行的帮助；在本书的出版过程中，景德镇陶瓷大学管理与经济学院、经济管理出版社的领导与编辑同志对本书的出版给予了大力的支持，在此一并表示衷心感谢！

限于笔者水平，书中不足、疏漏与错误在所难免，敬请各位同行专家批评指正！

2023年7月于景德镇

—目录—

第一篇　景德镇陶瓷史

一座景德镇，半部陶瓷史。景德镇陶瓷有着灿烂辉煌的悠久历史。景德镇有着2000多年的冶陶史，1000多年的官窑史，600多年的御窑史，景德镇陶瓷在中国陶瓷史和世界陶瓷史上都占据着重要的地位。景德镇窑火千年不熄，人类文明薪火相传。让我们翻开景德镇的陶瓷历史，沿着历史的车轮留下的时代印记，探寻景德镇跨越千年的漫漫制瓷路。

第一章　景德镇陶瓷古代史

在漫漫岁月长河中，景德镇陶瓷业伴随着中国经济社会发展变迁而形成、演变。本章循着中国古代经济社会发展变迁的大背景，按景德镇陶瓷业不同时期的鲜明特点，分阶段回顾古代景德镇陶瓷业的演变轨迹和历史地位变迁。

第一节　东汉至南北朝：新平冶陶，瓷业形成

景德镇市位于江西东北部，土地面积 5256 平方千米，紧邻安徽省。坐落在黄山、怀玉山余脉与鄱阳湖平原过渡地带，地势四周高中间低，形似盆地。最高峰五股尖海拔 1618 米。河川纵横交错，第二长河流昌江，全长 210 千米，自北向南越境而过；最长河流乐安河，全长 240 千米，向北汇入鄱阳湖。属亚热带季风气候，自然资源丰富，生态环境优越，森林覆盖率达 67.85%。

景德镇是千年古镇。景德镇在春秋战国时期地属楚国东南境，秦属九江郡番县，汉属豫章郡鄱阳县，三国时为吴地，东晋设镇，始称"昌南"，汉易名"新平"，辖于江州，唐天宝元年（742 年）更名"浮梁"，北宋景德元年（1004 年）定名"景德镇"，辖于浮梁县。1949 年 4 月 29 日，景德镇解放，随后从浮梁县分出，置景德镇市。目前，景德镇市下辖乐平市、浮梁县、

珠山区、昌江区①。

景德镇因陶瓷而著称于世。景德镇陶瓷历史悠久，据《浮梁县志》记载："新平冶陶，始于汉世"，其意是说景德镇从汉代开始制造陶瓷②。汉代分为西汉和东汉，两者各占约一半时间，所谓"始于汉世"，那么景德镇的陶瓷业究竟是始于西汉还是始于东汉呢？

西汉手工业已相当发达，并且在手工业发达的地方设有工官，以管理或经营一般的手工业。那时著名的手工业城市，有河南郡的荥阳、南阳郡的宛县、济南郡的东平、泰山郡的奉高、颍川郡的颍川、河内郡的怀县、广汉郡的广汉、蜀郡的成都。从地区分布来看，当时手工业发达程度好像是北方胜于南方；但从现在的地下物发现来看，长沙、安徽、南京、扬州等地都有大量的从战国到西汉的手工业工艺制品出土，其中陶器拥有数量之多，制作之巧，花纹之精，已如前篇所举。可见在西汉的江淮之间，并不如以前记载所说是个"江淮之有猛兽，犹北土之有鸡豚"的荒凉未辟的世界。景德镇位于中国东南地区，目前尚未有地下物能证明在西汉已有陶业，陶业产生可能性较大的应该是在东汉。东汉的手工业，是在西汉原有基础上发展起来的。当时人口的繁盛，工商业的发达，都超过了西汉，新兴的都市和新式的商品都在这个时候出现：都市如丹阳、豫章、江夏、荆襄等地，商品如奢侈品之类充满了市场。王符的《潜夫论·务本》说："今工好造雕琢之器，巧伪饰之，端以欺民取贿。物以任用为要，以坚牢为资，今商竞鬻无用之货，极淫侈之弊，以惑民取产，虽于淫商有得，然国计应失矣"。在陶器方面除日用品外，尚有"泥车瓦狗诸戏类之物，以诈小儿"。

根据这些情况，那么景德镇的陶业应该是从东汉（公元1世纪）开始的。所以《南窑笔记》说："新平之景德镇，在昌江之南，其治陶始于季汉。"那时景德镇陶器制作水平怎样呢？《南窑笔记》说："埏埴朴素，即古

---

① 资料来源：景德镇市人民政府。
② 新平是景德镇原始地名，东晋时期在这里设新平镇。

之土脱碗也。"其具体情况，如《景德镇陶录》所载："楚之长沙属有醴陵土碗，器质甚粗，体甚厚，釉色淡黄而粗，或微黑。碗中心及底足皆无釉。盖其入窑时，必数碗叠装一匣烧故也。此乃乡土窑，所在多有，正如吾昌南在汉时，只供迩俗粗用也"。这里说明了汉代景德镇陶器的样式，同时说明了它的生产是供近地粗用，不能算是商品生产。

进入三国时期，景德镇陶瓷的发展情况目前尚无文献考证，但南方孙吴年号的墓葬里有大批瓷器出土，可据此推测，当时恰在孙吴统治下的景德镇，照理应该在陶瓷制造上有进一步的发展。

进入晋代，景德镇陶瓷业虽然仍无具体记载，却有线索可寻。东晋时期这里开始设新平镇，通常镇的设立系天下冲要之区，这个冲要是军事上的和经济上的冲要。在军事上，新平当时并非冲要之区，因此，它的设镇就应源于经济方面。新平除"水土宜陶"以外（以后有茶业），其他无农业上的特产和工艺品，在这个时期建置一个镇，应该是与瓷业有关。据明代詹珊《师主庙碑记》载，明朝洪熙年间，御窑厂内建"佑陶灵祠"① 以奉祀晋朝人赵慨②为制瓷师主。另外，过去每当陶瓷行业举行报赛③，都以赵慨为师祖。由这些旁证，也可以推测当时景德镇已经形成制瓷工业了。

到了六朝的陈朝，景德镇的陶瓷制造有了简单的记载。《江西通志》载"陈至德元年，诏新平以陶础贡（大建宫殿于南京），巧而弗坚。再制，不堪用，乃止"。从这寥寥数十字的文献中，对景德镇当时的瓷器也可得一概念：所谓"巧"，说明了景德镇在制瓷技术上已有相当的造诣；所谓"弗坚"，说明了当时烧成火度尚低，因此"不堪用"。虽然如此，但据清代蓝浦《景德镇陶录》载："水土宜陶，自陈以来，土人多业此④" "镇陶自陈以来名天下"。由此可见，"水土宜陶"的景德镇，其陶瓷制造业早在南北朝时期就已

---

① 佑陶灵祠，其神称佑陶之神。
② 赵慨，字叔朋，会仕晋朝，道通神秘，法济生灵。镇民多陶，悉资神佑。
③ 古时农事完毕后举行谢神的祭祀活动。
④ 景德镇之"水土宜陶"，详细可见附录1。

经完全形成了。

第二节　隋唐至五代：起步之初，声名鹊起

隋朝的建立，开创了一个新的历史时期。随着战乱的结束和全国的统一，以及南北经济、文化的交汇融合，景德镇的制瓷业有了很大的发展。隋炀帝大业年间（605~616年），景德镇制成狮象大兽两座，奉于显仁宫，标志着景德镇瓷器已得到皇帝的青睐。隋炀帝幸臣何稠为烧制琉璃，曾在景德镇采办烧造绿瓷的瓷土，吸取制瓷经验，改良制瓷工艺，提高了陶瓷的烧成温度[1]。对此，日本人中村在《东西文明交通》一书中评价"别生良果，盖采其术以加精制于陶瓷，遂为中国名产，千年专大利于世界之市场，即食此役之赐"，他认为何稠烧制琉璃，推进了当时瓷器的烧造工艺。

进入唐朝后，景德镇陶瓷开始在国内产生较大的影响。据清道光年间《浮梁县志》载，"唐武德中，镇民陶玉者，载瓷入关中，称假玉器。且贡于朝。于是昌南镇瓷名天下""唐武德四年，诏新平民霍仲初等，制器进御"。蓝浦在《景德镇陶录》卷五"历代窑考"中对此也做了详细记载：唐高祖武德年间，当时叫昌南镇的景德镇地区瓷业生产有了较大进步，镇里出了两个制瓷高手，一个叫陶玉，另一个叫霍仲初。陶玉是本区钟秀里人，他所烧的瓷器称"陶窑"①，瓷器的特色是"土惟白壤，体稍薄，色素润"。陶玉把自己所烧制的瓷器运入关中，到京都长安出售。由于瓷器质量好，不仅为市场购买者所钟爱，而且惊动皇宫，朝廷命他烧制瓷器进贡宫廷，作为皇家御用之物。因为瓷器秀美如玉，以至被称为"假玉器"，"于是昌南镇瓷名天下"。

---

① 瓷器以"窑"作专称从唐代始，景德镇瓷器以窑作专称自此也开始有了记载。

霍仲初是本区的东山里人，他所烧制的瓷器称"霍窑"，瓷器的特点是"色亦素，土墡腻，质薄，佳者莹缜如玉"。武德四年（621年），皇帝下诏书，命霍仲初制造瓷器进御皇宫。这两个制瓷能手由于技艺高超，不仅为自己创下了辉煌的事业，而且大大提高了景德镇地区瓷器的声望。同年，朝廷置新平镇，并在镇设监务厅，监瓷进御。"陶窑""霍窑"出产的优质瓷器因进贡朝廷而名扬天下，成为唐初景德镇两大名窑。中唐以后，茶几乎成为了人人必需之物，故当时"周流天下"的一般富商大贾，很多都是贩茶的"估客"。白居易《琵琶行》记载"商人重利轻别离，前月浮梁买茶去"。其时飞钱的出现，主要原因固然是铜钞缺乏，也是为了适应各地茶商，尤其是浮梁茶商的需要。浮梁既是茶叶市场，而又产茶器（《唐书·地理志》），因此在唐代，景德镇就繁荣起来了，人口多了，地位改变了，于是在武德四年（621年），新平镇就改镇设县，更名为新平县。到开元四年（716年），景德镇和浮梁县分立，这标志着景德镇地位的提升。唐代的景德镇是当时唯一烧瓷的地方，其瓷业有惊人的发展。景德镇陶瓷的生产量很大，不仅供给一般人日常之所需，而且还要制器进御，造献祭器。这一时期景德镇陶瓷业的发展，在文化方面也得到了反映。由《襄陵名宦志》记载"唐褚绥，字玉衡，晋州人。景龙初，为新平司务。会洪州督府奉诏需献陵祭器甚迫，绥驰戟门，力陈岁歉，户力凋残，竟犹止"可知，盛唐时，唐中宗曾诏命景德镇速进献陵祭器，这种祭器或许就是"莹缜如玉"的白瓷。中唐时期，陆士修等在景德镇吟咏过白瓷，留下了"素瓷传静夜，芳气满闲轩"的诗句。元和八年（813年），唐代著名文学家柳宗元曾代饶州刺史元崔作《代人进瓷器状》，文曰"艺精埏埴，制合规模。禀至德之陶蒸，自无苦窳；合大和以融结，克保坚贞。且无瓦釜之鸣，是称土铏之德。器慙瑚琏，贡异砮丹，既尚质而为先，亦当无而有用"。其中，"无苦窳"是对火候已能完全掌握，"保坚贞"是它的质料已不是如从前一样"巧而弗坚"了，这正说明了唐代景德镇瓷器的特点。这些文人吟咏的词句从另一个方面证明了唐代景德镇窑的白瓷确实制作精良，已经成为全国瓷器中的翘楚和皇家贡品。

五代时期（907~960 年），中国分裂为十几个小国，战争频繁，在经济上呈现停滞状态，一切手工业和艺术，都不过承唐代余波。然而，江西在五代，是在南唐的统治下；南唐李氏和吴越钱氏一样，有一时的偏安，不大受战争影响，因此在工艺美术方面，成就较吴越尚有过之。虽然这段时间景德镇的瓷业情况已无文献可证，景德镇瓷业史呈现一段时期的脱节；然而，在景德镇范围内发现的最早的瓷器和窑址属于五代时期。景德镇的窑址包括湖田窑、杨梅亭（又名胜梅亭）窑、黄泥头窑、南市街窑、石虎湾（又名白虎湾）窑和湘湖街窑。当时烧制的瓷器主要以日用品为主，未发现瓶、尊之类的陈设品。其中，杨梅亭、石虎湾和黄泥头窑是目前已发现的南方地区烧造白瓷的最早窑址①，一举打破了北方在白瓷上的垄断局面[2]。当然，景德镇也大量烧制青瓷。虽然五代时期的景德镇白瓷质地和制作不太精细，但是为宋代青白釉瓷和以后各朝代瓷业的蓬勃发展奠定了坚实的基础。

第三节　宋朝：异军突起，跻身名窑

宋朝结束了五代十国的分裂割据，社会恢复安定。宋初，统治者采取了宽减税赋等鼓励生产的一系列政策措施，地主与农民之间的租佃制得到了普遍发展，经济得以恢复。另外，宋朝吸取前朝的教训，集中兵权，重用文人，使科技、文学、艺术和手工业迅速发展，宋朝进入了中国封建社会继汉唐之后的第三个繁荣时期。宋代开始，手工业逐渐从依附于农业到独立于农业。也正是这一时期，陶瓷工业成为了迅速发展的一种新工业，产地至多，多地

---

① 这与景德镇的制瓷原理有很大关系。

都有专门制造瓷器的作坊，有官办，有民办；官办作坊生产宫廷专用品，民间作坊生产民间一般消费用品。此时期，中国陶瓷业进入了一个名窑辈出、百花齐放、争妍斗艳的繁荣时期。

宋朝瓷业非常发达，瓷窑遍布大江南北，海外贸易盛行。根据各窑厂烧制瓷器的工艺、釉色、造型和装饰等的异同，宋代的诸多窑口分为"六大窑系"，分别是北方的定窑系、钧窑系、耀州窑系、磁州窑系和南方的龙泉窑系、景德镇窑系。宋代制瓷工艺的最大贡献就是为陶瓷美学开辟了一个新的境界[2]。

定窑系以河北曲阳县的定窑为中心窑场，包括山西的平定窑、盂县窑、阳城窑和介休窑，以及四川的彭县窑。定窑以烧白瓷为主，兼烧黑釉、酱釉、绿釉及白釉剔花器，以白釉印花瓷和酱釉瓷（紫定）为特色产品。白瓷装饰包括刻花、划花与印花三种。此外，定窑首创的覆烧工艺，大大提高了窑炉的烧成效率。

钧窑系以河南禹县的钧窑为中心窑场，包括河南临汝的东沟窑。钧窑以烧青瓷为主，兼烧白地黑花及黑釉器。钧窑瓷器的基本釉色是一种色泽深浅不一的蓝色乳光釉，此为钧窑的一个重要特色。其中，蓝色较深的是天蓝，较淡的是天青，更淡的是月白。另外，钧窑的一个重大成就是首创并烧造成功了铜红釉，对陶瓷装饰产生了深远的影响。

耀州窑系以陕西铜川县①的耀州窑为中心窑场，包括河南的临汝窑、宜阳窑、宝丰窑、新安窑、禹县钧台窑、内乡大窑店窑和广州的西村窑，以及广西的永福窑、容县窑。宋初，耀州窑受余姚越窑的影响，创烧刻花青瓷，有"越器"之称；北宋中期以青釉刻花而闻名，刻花的刀锋犀利和线条流畅程度居于刻花装饰之冠；北宋末期以青釉印花为特色，印花布局严整，讲究对称，居于印花装饰之首。

———————————

① 铜川县在宋代时属耀州。

磁州窑系是北方最大的一个名窑体系。它以河北磁县的磁州窑为中心窑场，包括河南修武的当阳峪窑、鹤壁的集窑、禹县的扒村窑、登封的曲河窑和山西的介休窑，以及江西吉安的吉州窑等。磁州窑烧制瓷器的品种丰富，特色品种是黑彩彩绘瓷，主要装饰手法是白釉釉下黑彩。

龙泉窑系以浙江龙泉窑为中心窑场，属于南方青瓷系统，是我国青瓷工艺的历史高峰。北宋时期，龙泉窑受越窑、瓯窑和婺州窑的影响，烧制在器形、装饰和釉色上与三窑相类似的青瓷器；南宋中期后，形成了自身的风格特点，白胎青瓷是其代表性特点；特别是到了南宋晚期，成功烧制的釉色很美的粉青釉、梅子青釉器成为龙泉青瓷的代表作品，从此，龙泉青瓷取代了越窑在青瓷器上的重要历史地位。

景德镇窑系的影响力，位于六大窑系之首。景德镇作为青白瓷系的主要窑场，从此跻身于宋代名窑之列[3]。景德镇青白瓷系以江西景德镇窑为中心窑场，包括江西南丰的白舍窑、吉安的吉州窑（永和窑）和福建的德化窑、泉州碗窑乡窑、永春窑、安溪窑、同安窑和南安窑等。青白瓷介于青瓷和白瓷之间，因其釉色青中有白，白中显青，有"饶玉"之称。景德镇窑以生产青白瓷享有盛誉。青白瓷胎质洁白细腻，胎薄坚致，釉色介于青、白二色之间，青中闪白，白中泛青，釉质清澈似湖水，莹润如玉，亦称"影青"。景德镇青白瓷灵活多变地采用了刻、划、印、捏、雕、镂空及褐彩等装饰手法，打破了唐、五代之前以素面陶瓷为主的瓷业格局，凸显了陶瓷制品的艺术性；同时，景德镇青白瓷因其胎质、色泽俱佳，类似宋"五大名窑"① 之首的柴窑瓷，被誉为"白如玉、明如镜、薄如纸、声如磬"。

靖康之役（1126 年）后，宋朝皇族赵构逃到临安（今杭州），建立了一个小朝廷——南宋，统治着中国东南一隅。由于战乱的因素，北方瓷窑普遍遭到了严重的破坏，开封的官窑毁了，定窑等北方窑工南逃了，其中很多工

---

① 宋代"五大名窑"是指柴窑、汝窑、官窑、哥窑和定窑。

匠到了景德镇继续从事陶瓷制作。这时，景德镇在制瓷技术上，已能取各地之所长，造出了更好的瓷器；景德镇的瓷业，已由与各地名窑相竞的地位，逐渐成了压倒一切的形势，为后来成为全国瓷业中心打下了基础。

宋代景德镇陶瓷业的异军突起，主要源于以下原因：一是优秀工匠的汇聚。宋室南迁以后，北方窑场的优秀工匠纷纷南迁到瓷业蓬勃发展的景德镇，北方的先进制瓷工艺随之而来。二是工艺创新之路。宋朝以前，瓷器要么是青瓷，要么是白瓷或黑瓷，景德镇创造性地成功烧制了青白瓷。三是国内需求的增加。宋金对峙以后，南方社会的相对安定吸引大量北方人口南下，南方人口激增。宋室南迁到临安（今杭州）后，注重发展经济，经济的发展带动了瓷业。四是朝廷建置官窑的有力推动。《江西通志》载"宋景德中置镇，始遣官制瓷贡京师，应官府之需，命陶工书建年'景德'于器"。其机构称司务所，《景德镇陶录》记载"宋设司务所""真宗命进御瓷，器底书'景德年制'四字"。因其瓷器"光致茂美，四方则效"，于是"天下咸称景德镇瓷器"。

两宋时期，瓷器成为重要出口商品之一。两宋时期的对外贸易，虽然仍是唐代市舶贸易的继续，但无论是通商范围还是贸易规模都超越了唐代，达到了贸易史上的鼎盛期。宋代最初只在广州设市舶司，后来又在明州（今宁波）、杭州置司，但海舶辐辏之处仍以广州为首；中国瓷器出口，也是从广州上商舶的。宋代朱彧《萍洲可谈》载"舶船深阔各数十丈，商人分占贮货，人得数尺许，下以贮物，夜卧其上。货多陶器，大小相套，无少隙地"。那时瓷器国外市场据《宋会要》载，有"大食、古逻、阇婆、占城、勃泥、麻逸、三佛齐、宾同胧、沙里亭、丹流眉，并通贸易。以金、银、缗钱、铅、锡、杂色帛、精粗瓷器，市易香药、犀、象、珊瑚、琥珀……之物"。往西走，除大食外，瓷器又到了南毗国（印度马拉巴尔海岸）等地和最远的层拨国（非洲桑给巴尔）。《诸蕃志》卷上"南毗国、故临国"中记载土产之物，本国运至吉罗、达弄、三佛齐。用荷池、缬绢、瓷器、樟脑、大黄、黄连、丁香、脑子、檀香、豆蔻、沉香为货，商人就博易焉。"北宋末至南宋初，中国对外贸易中心逐渐由广州转移到泉州。南宋因建都杭州，泉州为距首都最近的一个出海港，而政府因财政困难，"一切倚办海舶"，故奖励招徕不遗余力，对外贸易遂大量发展，当时来中国通商的有50余国。景德镇瓷器，在南宋已有了欧洲的市场。南宋之末，荷兰人就到了泉州，他们由这里贩运瓷器到欧洲，价值每与黄金相等，且有供不应求之势。广东商人看见了这个厚利，就到景德镇贩载瓷器前往欧洲。瓷器到了欧洲，又到了非洲。乾道七年（1171年），埃及王萨拉丁（Saladin）用40件中国瓷器赠大马色国王奴尔爱定（Nur-Etrisis），可见中国瓷器极为外国人所珍视，那时它在世界各地都有了显赫的声誉。如阿拉伯地理学家爱垂西氏（Eletrisis）在一部地理（1153~1154年）中写道"中国面积很大，人口极多，……艺术作品以绘画和陶瓷器为最精美"。在东方，日本也需要中国香药和茶碗。日本人成寻入宋时，宋神宗询以日本需用汉地何物？成寻回答以香药、茶碗为其主要者。景德镇瓷器在那时已大量地运往日本。在《佛日庵公物目录》中，对镰仓幕府时代记录的有饶州汤盏一对、汤瓶一尊、钵一尊，那些瓷器就是在南宋时运往日本的，而且都是影青瓷。

第四节　元朝：成就辉煌，并驾齐驱

元朝的建立，结束了宋、金、西夏对峙分裂的局面，统一了国内市场，打通了中西方交往的通道，对外贸易和文化交流频繁，进一步扩大了市场版图。统一的国内市场和广阔的海外市场，带动了陶瓷手工业的进一步发展；而且统治阶级重视手工业[4]，在攻城略地之时，统治阶级把具有一定技能的工匠安置在官办作坊，免除其他一切差科，且地位可世袭。元朝的历史不足百年，但其间陶瓷在中国陶瓷史上占有极重要的地位。元代的主要窑场在宋代的基础上仍继续烧制传统品种，尤以景德镇窑的突出成就为代表。

元朝钧窑的瓷器多为民间日用瓷，制瓷技术不如宋代。瓷器的典型特征为胎质粗松，釉面多棕眼，釉色天蓝、月白交融，以月白色为主，施釉不到底，圈足内外无釉。元朝磁州窑的瓷器主要是白釉黑花瓷，比如白地黑花的大罐、瓷枕和大瓷盆。元朝龙泉窑的烧造规模、工艺、品种及装饰纹饰，在南宋的基础上都有一定程度的创新发展。外销龙泉瓷的大量增加刺激了瓷器的生产，龙泉窑由交通不便的大窑和溪口大量扩展到瓯江和松溪两岸。龙泉窑的窑制仍采用长条形斜坡式的龙窑，只是长度大幅缩短，此改变有利于窑内温度的提高，并使热量分布得更均匀。龙泉瓷的特点是器形高大、胎体厚重，标志着烧窑技术的新成就，这与窑制的变革分不开；装饰方面普遍带有花纹，出现了褐色点彩；纹饰方面除采用划、刻、堆等手法外，还创新性地采用印、贴和镂等方法。

元朝时期，景德镇瓷器在继承宋代青白瓷的基础上，在胎质、釉色、造型和装饰等方面进行了创新，取得了突破性的新成就，与龙泉青瓷并驾齐驱。1278年，元朝廷选择在景德镇设立浮梁瓷局，用于烧造官府用瓷、朝廷祭器及官办贸易用瓷。浮梁瓷局的设立，有力地推动了景德镇瓷业的迅速发展；景德镇得以集中全国各窑场最优秀的工匠，从官府获得其他窑场难得的原料，从将作院得到新的产品造型和装饰图样，并以青花瓷、釉里红和卵白釉枢府瓷闻名天下[2]。青花瓷是以氧化钴为颜料，用毛笔在白瓷胎上绘画，然后上透明釉经高温一次烧成，呈蓝色花纹的釉下彩瓷器[2]。青花瓷是中国传统绘画艺术和制瓷工艺相结合的产物，绘画因此而成为我国陶瓷装饰的主流；由于其独到的艺术效果和使用价值，青花瓷一经出现，便深受古今中外人士的普遍喜爱，成为景德镇最具代表性的传统名瓷，也是最具民族特色的瓷器。釉里红是青花瓷的"孪生姊妹"，是景德镇的又一创制。它们的制作工序基本相同，不同点是：釉里红以氧化铜为呈色剂，且必须在高温还原焰气氛中；

而青花瓷以氧化钴为呈色剂，对气氛要求较宽。因此，青花瓷呈色稳定，釉里红烧成难度大。卵白釉枢府瓷是元代中央军事机构枢密院在景德镇定烧的瓷器，因釉色白里透青，恰似鹅蛋色泽，故称卵白。卵白釉枢府瓷的典型特征是胎体厚重，器形以小圈足、足壁厚为特征，足内无釉，装饰采用压膜印花。

元朝景德镇的国内瓷器市场，在南宋的基础上进一步得到了发展。宋元景德镇瓷窑都有300座。元代在泰定年间，提领止脱课民窑，一时民窑称盛。其产销情形，如蒋祁所记："窑火既歇，商争取售，而上者择焉，谓之拣窑。交易之际，牙侩主之运器入河、肩夫执券，次第件具，以凭商筹，谓之非子"。同时，元朝版图广阔，对外贸易空前繁荣，中国瓷器得以远销世界各地，正如马可·波罗所说，元朝瓷器，运销到全世界。瓷器出口路径，俱由印度转运，然后达于欧洲和非洲。《岛夷志》载"甘埋国（4世纪到16世纪的印度），居西南洋之地，与佛朗近，所有木香、琥珀之类，均产自佛朗国来，商贩于西洋互易。去货丁香、豆蔻、青缎、麝香、红色烧珠、苏杭色缎、苏木、青白花器瓷瓶、铁条，以胡椒载而返"。"青白花器"，正是景德镇所产的"色白花青"的瓷器。瓷器到非洲去的情形，如《中西交通史料汇编》引《拔都他游历中国记》："中国人将瓷器转运出口，至印度诸国，以达吾故乡摩洛哥，此种陶器，真世界最佳者也。"

元朝景德镇陶瓷业成就辉煌，主要源于以下原因：一是陶瓷装饰的创新。将传统绘画艺术创造性地运用到陶瓷装饰，创造了名扬中外的青花瓷和釉里红。二是陶瓷工艺的创新。景德镇高岭土的发现和使用，使南宋出现的原料来源危机解除；而且，瓷石加高岭土的"二元配方"与单一瓷石为原料的"一元配方"相比，提高了烧成温度，减少了大件瓷器的变形。三是国内外需求的扩大，尤其是挑剔的官方需求。四是元朝沿袭宋朝重陶之风。元朝设浮梁瓷局，这就等于宋代的司务所。督窑官吏是提领，这就等于宋代的监镇。泰定年间（1324~1328年），又以本路（江南西路）总管监陶，他们督窑是

"有命则供，无命则止"，和宋一样，其内府进御之粉青器及枢府所用之月下白器，都效法宣和年间（1119～1125 年），可以说全是袭宋之旧。由于朝廷重视，从行政上推进优质生产要素的集聚，景德镇得以集中最优秀的工匠和最优质的原料。

第五节　明朝：一枝独秀，瓷业中心

景德镇陶瓷业虽然建立得很早，但在明朝以前，还不是全国瓷业的中心。唐代是越窑在南方盛行的时期，景德镇瓷器地位比不上越窑瓷器。宋代是南北各地名窑互相争胜的时期，景德镇瓷器在北方要与真定红瓷相竞，在南方要与龙泉青瓷相竞。就是在元代，景德镇的瓷业还是为南丰、临川、建阳等地瓷业所夺，从而使景德镇瓷器在国内市场不能顺利地开拓。同时在明代以前，景德镇的窑场分散，窑身细小，手工业者还是不能完全脱离农业，那时景德镇仅可称为"田原都市"，为庄园经济所统治，而不是城市经济。

公元 14 世纪，朱元璋在中国重建了统一的封建王朝——明朝。从此，中国历史又进入了一个新的发展阶段，工商业的进步超越了过去的任何一个朝代。明朝开国皇帝朱元璋采取了一系列有利于农业、工商业和手工业发展的政策措施。在手工业方面，改变了元代手工业的"工奴"制度，采取了"轮班""住坐"的制度，提高了工匠从业的自由度，极大地促进了手工业的发展。随着资本主义因素的发展，相当一部分手工作坊进入了工场手工业的发展阶段。由于瓷器手工业生产的发展，引起社会分工，主要是工农分工的进一步发展。当时瓷器生产是"一器之成过手七十二"，技术将工人专门化了，使他们不再务农。都市由农村中分离出来，大作坊在城市中出现，招雇独立手工业者进行生产，从而使饶州七县及南昌、都昌等地之人，杂聚窑业，佣工为生。同时封建统治者又在景德镇设立御器厂，为了便于"督陶"，也有使作坊集中的必要。因此，从明代起，景德镇的工业和商业才结合在一起，使景德镇城市的手工业繁荣，商业资本活跃。明中叶缪宗周的诗《咏景德镇兀然亭》所说"陶舍重重倚岸开，舟帆日日蔽江来。工人莫献天机巧，此器能输郡国材"，正说明了当时景德镇工商业的情况。在这样的社会背景之下，景德镇陶瓷开始进入一个产量激增、质量提高、品种增多的繁荣时期。

同时，由于各窑场的实力和地位出现了分化，景德镇以外的窑场日渐衰落，景德镇成为全国的制瓷中心[2]。所谓"有明一代，至精至美之瓷，莫不出于景德镇"。尽管明初龙泉青瓷仍与景德镇瓷器处于相当地位，但进入明朝中后期，龙泉青瓷在胎质和釉色等方面质量出现下降，地位大不如前。磁州窑的白地黑花器虽仍受民间喜爱，但与景德镇瓷器相比，无论胎质、釉色还是制作工艺都难以企及，最终归于没落。伴随着各大窑场的衰落，各地具有特殊技能的工匠纷纷涌向瓷业兴旺的景德镇，形成"匠从八方来，器成天下走"的繁荣景象，景德镇陶瓷业进入了全面发展的时期。这一时期，釉下彩、釉上彩、斗彩和高低温颜色釉竞相争奇斗艳[1]。青花瓷作为釉下彩的典型代表，在元朝的基础上进一步发展，成为景德镇乃至我国瓷业生产的主流。青花瓷由官窑和民窑分别生产。色料方面，就官窑而言，不同时期使用的青花色料各不相同，其中永乐和宣德年间的青花瓷器以胎质细腻洁白、釉层晶莹肥厚、青花色泽浓艳和纹饰秀丽典雅而最负盛名；就民窑而言，湖田和观音阁是青花瓷生产的集中点，民窑较少使用进口青料，更多使用国产料。纹饰图案方面，早期受到官窑"严禁逾制"的规定，中后期开始突破规格化的束缚。有洪武年间的釉上红彩、宣德年间的青花红彩①，也有成化年间的斗

---

① 青花红彩是在高温下烧成青花瓷器后，在釉上用铁红绘图，再低温烘烤，这是釉下青花和釉上红彩的结合，在广义上属于斗彩。

彩、嘉靖和万历年间的青花五彩①，还有永乐和宣德年间的铜红釉②和蓝釉、成化年间的孔雀绿釉、弘治年间的黄釉等单色釉。

明朝景德镇成为全国的瓷业中心，主要源于以下原因：一是景德镇以外各窑场优秀工匠的汇集形成了景德镇瓷业人才的高地，带来了陶瓷艺术和技术的大幅提升。二是御器厂的设立。明朝于洪武年间在景德镇设立御器厂，烧造官窑器专供朝廷使用。官窑对瓷器的追求至精至美，为追求其高品质往往不计成本，占用最熟练的工匠和最优质的瓷土青料。三是"官民竞市"的竞争格局初显，促进了民窑瓷器品质的提升。

由于明朝商品经济有了超越前代的发展，此时景德镇陶瓷的市场，在国内是"其所被自燕云而北，南交趾，东际海，西被蜀，无所不至，皆取于景德镇""利通十数省，四方商贾，贩瓷器者萃集于斯"。国内瓷器商品经济的发展，同时推动了景德镇陶瓷的海外贸易活动。明初郑和七次下西洋，使南洋群岛、印度、波斯、阿拉伯和非洲等处与中国的往来更为密切，促成了瓷器市场在国外的扩大。明初，景德镇瓷器首先到了琉球。《明史·琉球传》载"洪武七年（1374年），赐文绮、陶铁器。且以陶器七万，铁器千，就其国市马"。当时琉球所需求的是"其国不贵纨绮，惟贵瓷器、铁釜"。从郑和下西洋后，景德镇的瓷器便大量地输出海外。在输出物品中，如前面所说，一种是官窑中的部限瓷器，用赏赐的形式，去交换海外的商品；另一种是民窑出产的商品，以直接或间接交换海外的商品。出口的国家，往西包括印度、菲律宾、爪哇、苏门答腊、婆罗洲、波斯、阿拉伯等亚洲国家，埃及、桑给巴尔等非洲国家，以及后来的葡萄牙、荷兰等欧洲国家；往东包括朝鲜、日本等亚洲国家。

---

① 青花五彩是釉下青花和釉上五彩的结合。
② 永乐年间烧制成功的鲜红釉具有鲜艳的红色，比宋钧窑铜红釉的红色更纯正；宣德年间的宝石红釉具有红宝石一样的晶莹透亮，比鲜红釉更胜一筹。高温铜红釉烧成难度最大。

第六节　清朝前期：瓷业高峰，盛极而衰

　　清朝，是在明末农民大起义的背景下建立的。为了长治久安，清政府实施了兴修水利、减免税负和废除匠籍的措施，刺激了农业和手工业的发展，迎来了清朝前期康乾盛世的繁荣景象，中国的瓷业在此时也达到了前所未有的顶峰期[2]。嘉庆以后，国力衰退，社会变迁，中国逐步沦为半殖民地半封建社会，瓷业随之步入衰退。总之，清代瓷业经历了一个盛极而衰的演变过程。当然，代表清代瓷业最高水平的仍然非瓷都景德镇莫属。

　　清朝前期，景德镇陶瓷的工艺和艺术表现在明代的基础上大都有所提高。就工艺而言，瓷胎中高岭土的用量较明代更多，陶瓷已达到现代硬质瓷的标准，釉中氧化钙含量较明代更低；窑制吸收融合了北方馒头窑和南方龙窑的优点，发明了容量大、烧成快的蛋形窑。就艺术表现而言，品种更加多样，色彩更加丰富，釉下彩、釉上彩、斗彩和颜色釉等技艺不同程度上有所提高或创新。比如，釉下彩中的青花和釉里红工艺进一步发展。康熙青花的特点是色泽鲜艳、层次分明①；釉里红的发色更加鲜艳，呈色更加稳定。青花、釉里红和豆青釉相结合的釉下三彩更是将釉下彩向前推进了一大步。釉上彩中的康熙五彩、珐琅彩、雍正粉彩的突出成就更表明了釉上彩的突破创新。康熙五彩以民窑器为代表，具有色彩鲜艳、光泽透亮、图案活泼、线条有力的特点②；其重大突破在于五彩的画面中釉上蓝彩和黑彩的发明使用，加强了彩绘的效果，改变了明代青花五彩占主流的局面。珐琅彩是在瓷胎上用进

---

　　① 康熙青花素有"青花五彩"之誉。
　　② 康熙五彩中的官窑器多为小件器皿，且图案装饰受到束缚表现较刻板，而民窑器因不受束缚，图案装饰丰富多彩。康熙五彩因线条简练、明朗有力，所以又称为"硬彩"。

口的各种珐琅彩料描绘而成①，是清代康熙、雍正、乾隆时期极为名贵的宫廷御器。雍正粉彩是康熙五彩受珐琅彩工艺的影响而创制的新釉上彩，是景德镇的四大传统名瓷之一，初创于康熙时期，在雍正时期获得了空前的发展。雍正粉彩的特点是在图案的花朵和衣服上使用含砷的玻璃白填底，采用中国传统绘画中的没骨画法渲染，色彩画面富有浓淡明暗的立体感，色彩种类较五彩多且更柔和②。斗彩始创于明成化年间，至康熙朝整体不如成化斗彩精致娇艳，而至雍正朝则发展至更高的阶段。雍正斗彩的突出成就：一是仿成化斗彩达到几可乱真的地步。二是釉下青花和釉上粉彩的结合，使图案显得更艳丽清逸。在颜色釉方面，尤其是高温颜色釉成就斐然，达到鼎盛时期。高温颜色釉名目繁多、琳琅满目，除了名贵的红釉和传统的青釉以外，还有乌金釉、天蓝釉和酱釉等。明代中期以后，铜红釉由于烧成难度大，一度失传③，至康熙年间铜红釉才得以恢复和发展，这其中最名贵的当属郎窑红④和豇豆红。郎窑红是仿明代宣德宝石红釉的成功杰作，郎窑红器具有鲜艳夺目的玻璃光泽，令人赏心悦目。豇豆红酷似豇豆的红色，又带有绿色苔点，给人以优雅清淡的美感。豇豆红与郎窑红并驾齐驱，烧成难度比郎窑红更大。乌金釉是康熙年间发明的一种乌黑透亮的名贵色釉。宋代龙泉青瓷是我国古代青釉发展的高峰，之后一度衰落，到了康熙和雍正年间青釉才再放异彩。到了嘉庆年间，长期的封建专制主义和封建社会内在固有的弊端已严重腐蚀社会的根基，国力渐弱。道光二十年（1840 年）鸦片战争以后，中国一步步沦为半殖民地半封建社会。内忧外患的窘境使政局动荡、经济萧条和国力衰退。在此背景下，洋瓷大量倾销、肆意抢占中国的市场，景德镇的陶瓷业随

---

① 珐琅彩不是中国的传统彩料，而是中国从国外引进的。珐琅彩中的黄彩是采用氧化锑为着色剂，胭脂红是采用黄金为着色剂。

② 雍正粉彩因色彩柔软，因此又被称为"软彩"。

③ 后不得已改用易控制的低温矾红来替代难烧成的高温铜红。

④ 郎窑红是因康熙年间督陶官郎廷极烧制的红釉瓷器而得名，因红色犹如初凝固的牛血一样猩红，故又名牛血红。

着中国社会的变迁也难逃衰退的厄运。

  清朝前期景德镇瓷业高峰的形成主要源于以下原因：一是官窑的复建仿制与督陶官的重要贡献。明嘉靖年间御器厂停办，直至清顺治年间才复建。清前期官窑以督陶官的姓氏来命名以体现其重要贡献，督陶官由明代的中官改为由清初的内务府、工部或江西巡抚等担任，这是景德镇御窑厂所具有的独特历史现象。著名的官窑有康熙时期的臧窑和郎窑、雍正时期的年窑和乾隆时期的唐窑。二是具有强制性的匠籍制变为相对自由的雇募制，瓷业生产已真正发展到资本主义的工场手工业阶段。三是最高统治者——皇帝对陶瓷的偏爱。康熙、雍正、乾隆三朝皇帝皆如此，尤其是雍正，直接干预瓷器的生产，决定瓷器的造型和装饰。四是"官民竞市"的竞争局面促进民窑的大发展。官窑对优质陶瓷原料的垄断程度减弱、制瓷工匠自由流动性的增强，充分释放了民窑的发展潜力。五是陶瓷工艺的改进和陶瓷艺术的模仿创新。在工艺方面，随着胎中高岭土含量的增加和釉中氧化钙含量的降低，陶瓷质地更硬、更致密。在装饰艺术方面，仿前朝的同时吸收国外的技艺，不断地融合创新，创造性地发展了珐琅瓷、粉彩等釉上品种，品种繁多、五颜六色的颜色釉也达到顶峰。清朝中后期，景德镇陶瓷业历经坎坷，曲折发展，主要原因是政局不稳和国力的衰落[5]。

第二章　景德镇陶瓷近现代史

    1840 年鸦片战争的开始，标志着中国开始沦为半殖民地半封建社会，揭开了中国近代史的开端。与经济社会发展相关联，景德镇陶瓷业此时也来到了历史的分水岭，进入了一个截然不同的发展时代。本章沿着时间逻辑顺序回顾清朝后期、中华民国时期、中华人民共和国成立以来景德镇陶瓷业的演变及发展。

第一节　清朝后期：急转直下，艰涩晦暗

    清道光二十年（1840 年）打响的鸦片战争以中国失败并赔款割地告终，中英双方签订了中国历史上第一个丧权辱国的不平等条约《南京条约》。从此，在帝国主义的威逼下，昏庸软弱的晚清政府接连签订了一系列丧权辱国的不平等条约，不断向外国割地、赔款、商定关税，严重危害中国主权，中国开始沦为半殖民地半封建社会，陷入了一个动荡不安的历史时期。道光年间（1840~1850 年），晚清政府无暇顾及景德镇御窑厂的经营，延续嘉庆后期不向景德镇御窑厂派遣督陶官的政策，而改由地方巡抚督理御窑厂；同时，晚清政府无力继续向御窑厂提供财力支持，御窑厂因而每况愈下、日渐衰微，景德镇陶瓷业亦由康熙、雍正、乾隆三朝的辉煌巅峰急转直下，曾经在中华

文明史乃至世界文明史上发出璀璨光芒的景德镇陶瓷急转直下，跌入一个艰涩晦暗的发展时期。这一时期御窑厂的瓷器，无论是其外形，还是其画面装饰，大都是沿袭嘉庆时期，基本没有什么创新或建树，其品质甚至还逊于嘉庆时期。

咸丰时期（1851~1861 年），国力衰败至极，更遭遇连年兵变战乱，中国百业俱废，景德镇陶瓷也遭受了极大的破坏：咸丰元年（1851 年），爆发太平天国运动，清军和太平军在景德镇地区展开了 11 年之久的拉锯战，景德镇御窑厂备受影响，几乎瘫痪。咸丰五年（1855 年），太平军攻下景德镇，将御窑厂焚毁，御窑厂官员、画师、工匠或被杀或逃散，御窑厂停止生产，景德镇陶瓷业也随之凋敝。咸丰十一年（1861 年），英法联军火烧圆明园，致使其中许多陶瓷珍品惨遭劫掠、损毁，严重地破坏了景德镇陶瓷文明。

同治时期（1862~1874 年），景德镇陶瓷的纹饰主要承袭传统的龙凤纹、云鹤纹、寿字纹等，更多采用吉祥纹饰，但画意媚俗，缺乏生气。同治五年（1866 年），李鸿章奉命筹银 13 万两，委派九江关署监督蔡锦清在景德镇珠山御窑厂原址上重修建造了 72 间堂舍作坊，停工 11 年的御窑厂得以恢复生产。然而，其所制多为一些用于宫廷喜庆、寿庆等应酬、赏赐之类物品，品种比较简单，以承袭前朝为主，如玉壶春瓶、赏瓶、棒槌瓶等。

光绪时期（1875~1908 年），景德镇御窑厂的生产渐至复苏，瓷器烧制数量逐渐增加，品质及画面装饰也愈见精良；这一时期的瓷器器型，基本囊括了晚清以后的传统器型，并在仿古的基础上实现了创新，如荷叶式茶罐、加铜质提梁茶壶均为这一时期的新创。"洋务运动"刺激了中国资本主义的发展，民族资产阶级作为新的政治力量开始登上历史舞台。光绪二十四年（1898 年），以康有为、梁启超为首发起的"戊戌变法"虽然最终归于失败，但这场资产阶段性质的改良运动，在社会上起到了资产阶级思想启蒙的作用，同时客观上刺激了政治改良与经济发展。在面对帝国主义列强一方面疯狂掠夺中国的经济资源，另一方面又向中国大量倾销自己的工业产品的经济侵略时，中国民族资产阶级改良主义思潮也对景德镇陶瓷业的发展产生了重要的影响，其中重要的事迹包括：第一，光绪二十七年（1901年），时任江西巡抚柯逢时向清政府上奏折曰"中国之销量日绌，而外洋之浸灌日多。厥所由，实缘窑厂资本未充，不角与之相竞。倘不再图变计，将并此区区之利权不能自保"。其大意认为中国陶瓷的销售日渐困难，而外洋陶瓷倾销中国越来越多，背后的原因是中国陶瓷业的资本力量不足以与外洋抗衡；如果再不思变革，中国陶瓷业恐难以生存下去。次年，清政府应柯逢时的奏请开办景德镇瓷器公司。第二，光绪三十三年（1907年），两江总督端方奏报清政府后，把景德镇瓷器公司由之前官督商办改为商办，并更名为"商办江西瓷业公司"。从此，景德镇陶瓷业开始进入一个以企业化经营为标志的缓慢发展时代。

宣统时期（1909~1911年），景德镇御窑厂在基本延续光绪时期风貌的基础上实现了一定进步，其所烧制的御瓷工艺精致、形制端正、胎釉纯净、彩饰工整，釉面洁白纯净，坯釉结合致密，具有很强的现代瓷特征。此时景德镇的官窑瓷器基本沿袭光绪时期的特征，但由于工艺技术的改进，质量有显著提高。这一时期，官窑瓷器的纹饰也基本沿承传统图形式样，但相较于光绪时期，描画更加精致、彩绘更加细腻。这一时期，无论是官窑还是民窑，都颇盛行仿古风气，仿制的对象遍及之前清朝历代，尤其以仿制乾隆时期的瓷器居多，但真正品质却难以望其项背。这一时期，景德镇陶瓷业处于萧条衰落的境地，其出路为有识者所忧虑，人们寄希望于兴办近代陶瓷实业以挽回颓势，努力走改良道路来实现景德镇陶瓷业的振兴，也取得了一些实效，但宣统时期仅历时3年便寿终正寝，不过这一时期景德镇陶瓷业在生产组织形式创建和专业人才培养两个方面却实现了历史性的突破：一是在生产组织形式创建方面，宣统二年（1910年），景德镇按西方公司组织形式创建了江西瓷业公司，采取新式的组织形式和管理方法，公司有所盈利，取得了某些成效；同时研究新的制瓷工艺与技法，从而促进了景德镇制瓷技术上的提高，产品式样与质量也都实现了改良，但是，原来计划的设置分销处和更新生产设备、采取机器制造始终没能实现。二是在专业人才培养方面，宣统二年（1910年），江西瓷业公司在饶州府所在地鄱阳分厂内办中国陶业学堂，设本科班与艺徒班，有目的、有计划地为中国陶瓷业的发展系统地培养陶瓷专业人才，这从中国陶业学堂的办学宗旨是"养成明白学理，精进技术之人才，以改良陶业"可以得到反映。中国陶业学堂宗旨中"改良陶业"具体目标有两个：推行机械制瓷和以煤窑取代柴窑，实现传统陶瓷制造工艺的改良。

综观清朝后期的近代景德镇陶瓷业，在烽火中枯萎凋敝，在战乱中挣扎求生：道光时期时局动荡，急转直下，基本沿袭前朝；咸丰、同治时期则经历内忧外患，衰败不堪，无甚建树；光绪时期在民族资产阶级的改良运动中略有起色，宣统时期则在低谷中攀爬，但已难望康雍乾之项背。

第二节 民国时期：动荡不安，凋败衰落

辛亥革命后，中华民国成立。民国元年（1912年），袁世凯取得大总统职位后，就提拔曾经在他府上当差的郭葆昌担任总统府庶务司成①，并安排他到景德镇监督烧制一批新瓷供总统府专用。民国四年（1915年），袁世凯复辟帝制，改国号为"中华帝国"，并将民国五年（1916年）定为洪宪元年。这个时候袁世凯准备登基，并要求郭葆昌在景德镇监督烧制一批"洪宪"御瓷。这批瓷器以雍正、乾隆时期的粉彩瓷为标准，集结前清御窑厂的制瓷高手在湖北会馆精心检制，还聘请了制瓷名家鄢如珍效仿烧制。在三年

---

① 类似秘书长。

时间内共烧出 4000 多件袁世凯的御用瓷①。

"洪宪瓷"其实是后人对郭葆昌这一特定时期在景德镇烧制的这批瓷器的统称，而传世的洪宪瓷有堂款和纪年款两种。其中，署堂款的有"居仁堂""居仁堂制""觯斋主人""陶务监督郭葆昌谨制"等。民国初期署堂款的总统府用瓷还有徐世昌所用的"静远堂制"，曹锟所用的"延庆楼制"。署纪年款的有"洪宪年制""洪宪御制"。居仁堂是袁世凯在中南海的住所，所以"居仁堂制"款的洪宪瓷名气很大，深受陶瓷收藏家的喜爱。另外一种颇有名气的是"觯斋主人"款的洪宪瓷，是郭葆昌以自己的别号命名的。

署堂款和纪年款这两种款式的瓷器都十分名贵，其胎釉、器型、画工都十分精美，而且是以小件粉彩瓷居多，其特征为：一是胎质洁白俏薄、釉面光滑无橘皮纹，色彩淡雅，画工精细；二是题材以人物和花卉为主，绘画技法结合西洋画，人物的面部有立体感，远近景物以浓淡区分层次；三是器型多见小件瓶、盘，而且大多成双配对，画面也是左右对应，有很高的欣赏价值和收藏价值。

第一次世界大战期间，景德镇瓷业公司渐次扩大，于艰难缔造之中，粗能立足。产品也很精良，几与前清之御瓷媲美，在海内外享有很高声誉。1935 年，景德镇成为赣东北的政治、经济、文化、军事中心。政局的相对稳定也促使了陶瓷市场需求的复苏。景德镇的陶瓷市场也日渐发展繁荣，在艺术陈设瓷上尤以文人画派美术瓷的发展最为显著；这个时候景德镇的新粉彩瓷成为了盛行一时的美术瓷，尤其是名家瓷板画颇为流行，而于光绪后至民国初曾流行一时的浅绛彩瓷此时已不复时尚。景德镇名家的美术瓷成为军阀们倍加推崇并大力搜集的时尚礼品，这在客观上推动了景德镇艺术瓷的发展。

民国时期，景德镇的陶瓷逐步参与世界性的展会评比，民国元年（1912年），景德镇"瓷塔"获意大利国际博览会乙等金牌奖；民国三年（1914

---

① 景德镇百年——最后的督陶官和袁世凯，http：//www.360doc.com/content/22/1215/14/6703286 7_ 1060354997. shtml。

年），徐播生的"瓷雕龙船"与潘匋宇的作品获美国芝加哥国际博览会金质奖和优胜奖；民国四年（1915 年），王大凡的"富贵寿考"粉彩瓷板画、汪野亭"墨彩山水"瓷板画和"鄢德亿号"乌金釉瓶在美国旧金山市举办的"巴拿马太平洋万国博览会"上荣获金质奖章。但是到了抗日战争期间，景德镇多次遭受日寇飞机轰炸，坯坊、窑房等均遭受严重破坏，全镇瓷窑能烧的只有 33 座，整个瓷业生产处于奄奄一息的境地①。

抗日战争时期，由于经常受到日机轰炸骚扰，景德镇的瓷业生产几乎停滞，生产陷入低谷。据民国三十七年（1948 年）江西省政府统计处《景德镇瓷业调查报告》统计，抗战前景德镇有窑厂 150 余座，至民国三十六年（1947 年）统计时只有 76 座，仅剩 50%左右，其中当有不少为民国三十四年（1945 年）抗日战争胜利后陆续恢复的窑厂。窑业急剧萎缩，而作为完成瓷器最后彩绘工序的红店工场也迅速减少。据《景德镇瓷业调查报告》统计，抗战前，景德镇的彩瓷业红店有 700 余家，至民国三十六年（1947 年），仅有 300 余家，只剩 40%多，甚至不及民国八年（1919 年）"镇中不下四五百家"。同样，其中也应有不少为民国三十四年（1945 年）抗日战争胜利以后陆续恢复的红店工场。

抗日战争胜利后，景德镇的瓷业艰难复苏。然而，由于国共内战爆发，景德镇瓷业在战火中再一次受到挫伤。尽管景德镇地处赣北山区一隅，非兵家必争的军事战略要地，但由于战乱，交通阻塞，景德镇的瓷器销路受阻，瓷业生产很不景气，几乎全部停工。民国三十七年至民国三十八年（1948～1949 年），时局动荡不安，连年不断的战争使整个景德镇的瓷业处于瘫痪状态。景德镇瓷业在战乱中屡遭劫难，受尽摧残，至抗日战争结束到中华人民共和国成立前，其凋败衰落无以复加，已然是奄奄一息。至解放前夕，全镇只剩下百来个处于停业状态的窑厂作坊，制坯行业（包括圆器和琢器）只剩

---

① 景德镇百年——新中国成立前的景德镇（上），http://www.360doc.com/content/22/1215/14/67032867_1060354998.shtml。

90 余户，瓷窑（包括柴窑和槎窑）只剩 8 座，彩瓷业红店 367 户。陶瓷从业人员为千名左右的实际上处于失业状态下的瓷业工人①。

1949 年 10 月 1 日，中华人民共和国宣告成立。一个新的时代开始了，景德镇的陶瓷业也由此迈入了一个崭新的历史时期。

第三节　中华人民共和国成立以来：
迎来新生，走向复兴

1949 年 10 月 1 日，中华人民共和国成立，景德镇陶瓷业从此获得了新生。从中华人民共和国成立到社会主义社会建成（1949~1956 年）是一个过渡时期，国家在过渡时期的总任务是逐步实现国家的社会主义工业化，逐步完成对农业、手工业和资本主义工商业的社会主义改造。

这一时期，景德镇陶瓷业个体手工业也在推行社会主义改造。1951 年 3 月景德镇市成立合作科，同年 4 月成立合作总社筹委会，开始进行整社与建社工作。1952 年陶瓷业合作社有了明显发展，各社在执行计划时，一般完成得很好。1953 年是生产合作社开始建立计划统计制度的一年，同年 5 月联社成立了计划统计科。各生产合作社在劳动效率上也都有所提高，产品质量也普遍提高。这些都显示了组织起来后合作化道路的优越性。陶瓷手工业从组织起来以后，各社配备了领导干部，加强了基层的政治和生产领导，在贯彻宣传教育方面，结合各项中心工作，经常开展宣传，通过宣传教育，社员们社会主义思想觉悟有了进一步的提高。所以早在 1955 年，景德镇的陶瓷手工业就迅速地获得社会主义改造事业的胜利——已基本实现合作化。

---

① 景德镇百年——抗日战争时期的瓷业萧条【新中国成立前的景德镇（下）】，http：//www. 360doc. com/content/12/0121/07/67032867_ 1060354999. shtml。

对于陶瓷资本主义工商业的社会主义改造，国家对资本主义工商业的改造是分两个步骤实现的：第一步是把资本主义转变为国家资本主义，第二步是把国家资本主义转变为社会主义。

对于资本主义工业的改造，景德镇最初从 1951 年起开始采用联营的方式进行。1952 年，全市瓷器工业的 172 户组成了 18 个私营联营瓷厂①。这次联营，在改造瓷器工业生产上有着巨大的意义，它不仅改变了分散经营的情况，使它们集中了资金力量、设备能力，而且把制瓷胎的坯厂和烧瓷器的窑厂连在一起了。

但是，资本家联营的目的依然是为了赚钱；联营厂的生产和经营依然和分散时一样盲目、落后、混乱。由于这些原因，联营厂的生产依然维持不下去。联营厂的工人和许多资本家越来越感觉到没有社会主义经济的领导，纵然进行生产改组，也还是不利于生产的，因此觉得申请公私合营是很有必要的。

1955 年上半年，在充分感受到公私合营企业优越性后，就有许多制瓷工业资本家纷纷向景德镇市人民委员会提出申请，要求把企业改组为公私合营。景德镇市人民委员会根据他们的申请，经过了一定时期的了解和教育，按照国家需要、资本家自愿与条件适合的原则，批准了部分私营瓷厂实行公私合营。到 1955 年底，联营瓷厂改为公私合营瓷厂的工作已经基本上完成。随着联营瓷厂的公私合营，社会主义的管理方法贯彻到企业的各个部门去了。很快地，每一个瓷厂的生产和经营都变了样，显示了社会主义管理方法的优越性。

至此，景德镇市瓷器工业已基本地完成全行业合营，这就使得它们的生产同国家和人民的需要紧密地联系起来，大大地便利了瓷器生产的提高。

国家大力支持景德镇发展陶瓷业，鼓励公私合营并组建国营企业，在党

---

① 江西省轻工业厅陶瓷研究所.景德镇陶瓷史稿［M］.北京：三联书店出版社，1959.

和政府的大力扶持下，相继组建的十几家大型国营瓷厂，人们统称为"十大瓷厂"，又称"国窑厂"。

"十大瓷厂"是计划经济时期景德镇大型瓷厂的统称，它有一个漫长的演变发展过程。

1950年4月建立的景德镇市建国瓷业公司，是全市最早成立的一家国营陶瓷企业。1952年8月，景德镇市建国瓷业公司更名为"景德镇市建国瓷厂"。1958年7月，景德镇市委为扩大陶瓷行业企业规模，提高国有化经济程度，将10家公私合营瓷厂和9家改厂名的瓷业生产合作社按地域、产品等不同情况，合并组成9个大型的全民所有制的国有企业，即红星瓷厂、建筑瓷厂、宇宙瓷厂、红旗瓷厂、新平瓷厂、东风瓷厂、华电瓷厂、艺术瓷厂、工艺美术瓷厂，连同原有的建国瓷厂，时称"十大瓷厂"。①

随着形势的发展，这"十大瓷厂"的名称、规模、企业性质与管理体制不断变化。后来，高级美术瓷厂（1965年投产，1966年改名为为民瓷厂）、景德镇瓷厂（1967年投产，1969年撤销）、华风瓷厂（1985年投产）又相继成立。而原有的"十大瓷厂"中，新平瓷厂1965年分为人民瓷厂与新华瓷厂；红旗瓷厂1960年分出了红旗二瓷厂，1961年改名为光明瓷厂；红星瓷厂1961年分出了红星二瓷厂，1962年改名为陶瓷合作工厂（集体所有制），1979年改名为红光瓷厂；陶瓷局实验组与红星瓷厂、艺术瓷厂的两个车间1962年组成了曙光瓷厂（集体所有制）；工艺美术瓷厂1961年12月改名为雕塑瓷厂（转集体所有制）；1961年，景兴瓷厂并入华电瓷厂，华电瓷厂后划归工业系统，改名电瓷电器公司；建筑瓷厂1960年改名为建筑卫生瓷厂，1964年6月更名为景德镇陶瓷厂。虽然景德镇的大型瓷厂不断增加，但人们仍然习惯把这些厂统称为"十大瓷厂"。"十大瓷厂"时代，景德镇陶瓷工人干劲冲天，到处呈现力争上游、比学赶超的景象，瓷器生产突飞猛进，烧制

---

① 沧海桑田，且景德镇陶瓷的前世今生，https://www.sohu.com/a/142632290_819792。

工艺在短短几十年的时间内即经历了由手工到机械和由柴窑到煤窑、油窑、气窑的重大转变，形成了独树一帜的制瓷工艺生产体系，谱写了继往开来的陶瓷史。这一时期，"十大瓷厂"的年总产值曾达到4亿元以上，景德镇全境人口只占全省的3%，上缴的税收却占全省的20%，同时在赚取外汇等方面做出了巨大贡献，使得景德镇成为江西重要的工业基地。凭着"十大瓷厂"的整体实力，景德镇陶瓷在国内外"傲视群雄"。到20世纪90年代初，其品种已发展到20多个大类、250多个系列、2000多个器型、10000多个画面，形成了日用瓷、仿古瓷、旅游瓷、建筑瓷等门类齐全的陶瓷产品体系，远销130多个国家和地区。在各类名瓷中，获国际金奖26个、国家金奖11个、国家银奖11个、部省级优质奖336个、国家新产品开发奖4个、尤里卡世界博览会发明奖和骑士勋章1枚①。其中，有的是国家领导人赠送给外国元首的国礼瓷，有的则是中南海、人民大会堂及外交部的专用瓷。这一时期，景德镇陶瓷业进入了一个全面繁荣发展的新时期，成为新中国成立以来景德镇陶瓷业发展历程中的一个标志性时代。

然而，长期以来景德镇作为"官窑"基地，让景德镇陶瓷业形成了深深的"贡品"文化。新中国成立以后的计划经济，进一步让景德镇陶瓷企业形成了根深蒂固的"等""靠""要"政府统购统销思想，竞争意识不强、主动营销氛围淡薄，从而埋下了忽略市场经济的祸根。随着1992年中国社会主义市场经济的确立与之后的不断健全，长期依靠官方订货的景德镇陶瓷业逐渐显现体制、机制、冗员、债务等诸多问题，其发展日益步履维艰。为改变困境，景德镇于20世纪90年代中期开始对"十大瓷厂"进行改制，并以"化整为零"的方案，划小核算单位，实行自负盈亏。自此，浩浩荡荡的十余万名瓷业工人，1/3下岗，1/3退休，只留下1/3在维持。但由于改制实施"一刀切"的模式，使本来就艰难维持的"十大瓷厂"变得造血不足，顿时

---

① 沧海桑田，且景德镇陶瓷的前世今生，https：//www. sohu. com/a/142632290_ 819792。

土崩瓦解，全线衰落。

"走过沧桑岁月，经过风雨洗礼"。景德镇在经历了改制风潮后，大批工人被分流，有的成立小作坊重操旧业，有的进入社会另谋出路或下海经商，有的则带着一技之长去沿海地区打工，这给当时按计划经济惯性运行了近半个世纪的景德镇陶瓷产业带来了一段时间的不适和错失①。

大量人才的流失，进一步加重了景德镇的阵痛。就在景德镇陶瓷产业处在徘徊和负增长的同时，其他省市的陶瓷产业却迎来了飞速发展，广东潮州、广东佛山、湖南醴陵、福建德化等抓住了日用瓷和建筑瓷市场日益扩大的机会，跟随产业化浪潮迅速做大，后来居上。

直到 2004 年"瓷都"之争，才让景德镇感受到了来自外界的压力：如果再不转变思路，"千年瓷都"的称号也许真的就会拱手让人。为了能从低谷中走出，重振瓷都旧日风采，景德镇自此提出了复兴瓷都的发展战略：以日用陶瓷、陈设艺术瓷、工业技术陶瓷为主，建筑卫生陶瓷等为辅，形成多元构成的具有竞争优势的陶瓷工业格局。

"十一五"时期以来，景德镇市坚持陶瓷产业发展优先，突出打好陶瓷产业主牌，紧紧依托环陶瓷行业建设，通过调整结构、招商引资、建设园区等措施，实现了飞跃式的发展。这一时期，借助省部共建景德镇市国家陶瓷科技城和国内陶瓷产业战略性转移的契机，景德镇加大力度推进陶瓷产业转型升级和产业承接，逐步扩大对产业的投入，由"十一五"开年的 1.848 亿元增加到"十一五"收关年的 50 亿元。到 2012 年达到 70 亿元、2013 年达 77.06 亿元，同比年均增长速度在 10% 以上。随着各陶瓷园区的运营和各项有关陶瓷扶持政策的出台，特别是随着一些亿元以上陶瓷项目的建成和本土民营陶瓷企业的逐步壮大，景德镇陶瓷产业完全扭转了之前的不利局面，一步一步实现了跨越式发展：2009 年全市陶瓷工业总产值突破 100 亿元，2012

① 沧海桑田，且景德镇陶瓷的前世今生，https：//www.sohu.com/a/142632290_ 819792。

年突破 200 亿元，2015 年突破 300 亿元，2018 年突破 400 亿元，2021 年突破 500 亿元，2022 年则突破 600 亿元，实现了总产值 665.37 亿元，从三年增长 100 亿元到一年增长 100 亿元，2009~2022 年景德镇实现了 15.69% 的平均增长率①。

在陶瓷园区建设方面，景德镇在 2003 年前后开始实施陶瓷产业"退城进园"，先后建设了景德镇陶瓷工业园区、景德镇市高新技术开发区、景德镇陶瓷文化创意产业基地、景德镇中小陶瓷企业孵化基地、景德镇陶瓷创业创意基地、景德镇市陶瓷就业创业孵化基地等园区和基地近十个，这些园区和基地已成为景德镇陶瓷产业的支柱。其中，景德镇陶瓷工业园区为江西省人民政府和科学技术部共建的景德镇国家陶瓷科技城产业化基地、国家火炬计划陶瓷新材料及制品产业基地、全国陶瓷产业示范基地。园区于 2004 年 10 月正式全面开工建设，2006 年 3 月 8 日被批准为省级开发区，同年被评为省级特色工业园区和资源节约先进集体。2008 年 5 月，科学技术部批复同意建立国家火炬计划景德镇陶瓷新材料及制品产业基地。2010 年 9 月，江西省人民政府批准园区陶瓷产业为省特色产业重点扶持项目。2011 年 7 月被批准为江西省陶瓷产业基地，同年被批准为省级生态园区试点单位。2012 年 2 月，成功申报全国陶瓷产业示范基地。截至 2022 年底，景德镇陶瓷工业园区注册企业 2261 家，从业人口 1.85 万人，2022 年园区工业企业营业收入 128.8 亿元，同比增长 16.77%，利润总额 12.35 亿元，同比增长 18.25%。陶瓷产业作为园区首位产业，截至 2022 年底，园区共有规模以上陶瓷企业 108 家，规模以上营业收入达 96.1 亿元，现有省级以上智能制造标杆企业 2 家、国家级专精特新"小巨人" 1 家、省级专精特新"小巨人" 3 家、省级专精特新中小企业 38 家、有效期内高新技术企业 32 户②。园区目前已形成以高新技术陶瓷为核心，以高档日用瓷、陈设艺术瓷、文化创意产业为主体，以建筑

---

① 资料来源：笔者根据统计数据整理。
② 资料来源：笔者根据相关部门调研数据整理。

卫生陶瓷及相关的陶瓷配套产业为重要补充的陶瓷产业发展新格局。近年来，景德镇市正在努力把景德镇陶瓷工业园区打造成"传统日用陶瓷改造提升区""先进陶瓷产业聚集区""国际陶瓷产业合作区""高端手工制瓷基地和传统陶瓷文化集中展示区"。景德镇高新技术开发区主要产业包括陶瓷新材料产业等，获得国家战略性新兴产业区域聚集发展试点、中国十大最佳投资环境园区、江西省重点工业园区、先进工业园区等荣誉。

在产业结构方面，近年来，景德镇坚持主攻先进陶瓷，进一步做大日用陶瓷、做精艺术陶瓷，全市陶瓷产业快速发展。目前，景德镇陶瓷产业处于结构优化阶段，高附加值、能耗较低的产品逐步取代了低附加值、能耗较高的产品，工艺美术陈设瓷、日用陶瓷、建筑卫生陶瓷、高技术陶瓷等多瓷种融合发展的"大陶瓷"格局已经形成[6]。随着工业陶瓷的迅速崛起，景德镇的艺术瓷器亦是异军突起，除了来景德镇投资的企业和商户越来越多以外，无数陶瓷艺术爱好者甚至已经成名的书画家也悄然涌入，他们或买房或租铺，在景德镇成立作坊，从事陶瓷艺术的创作与生产，刮起了景德镇陶瓷艺术热的浪潮。创作的热情与创业的激情，也带动了景德镇陶瓷学院的大学生，他们毕业后也纷纷选择了留在景德镇，再加上景德镇改制前本来就拥有的十万多陶瓷大军，于是乎，景德镇便成为一座作坊遍布、"大师"云集的城市。各种私人作坊、小工厂雨后春笋般冒出，多达七千余家，散布在景德镇的角角落落。

景德镇陶瓷文化不断焕发出新的活力，得到了中共中央、国务院高度关注与重视。2015年3月和12月，习近平总书记先后两次对景德镇御窑遗址保护作出重要批示。为认真贯彻落实总书记重要批示精神，江西省委、省政府谋划启动了景德镇国家陶瓷文化传承创新试验区（以下简称"试验区"）创建工作。试验区致力于打造国家陶瓷文化保护传承创新基地、世界著名陶瓷文化旅游目的地、国际陶瓷文化交流合作交易中心"两地一中心"，其实施方案在2019年7月获得了国务院正式批复，从此拉开了"千年瓷都"走向复兴之路的历史大幕。试验区创建工作得到习近平、李克强等中央领导人的关心与高度重视。2019年5月，习近平总书记亲临江西视察期间，特别嘱咐"要建好景德镇国家陶瓷文化传承创新试验区，打造对外文化交流新平台"①；2019年11月，李克强同志视察景德镇，称赞试验区创意产品"与众不同、千姿百态"，鼓励广大创客"创出千年瓷都新风光，打造国际瓷都"②。2023年10月，习近平总书记来到景德镇市考察调研。在陶阳里历史文化街区，习近平总书记先后走进南麓遗址、陶瓷博物馆、明清窑作群，饶有兴趣地了解制瓷技艺流程、陶瓷文化传承创新和对外交流等情况，同非遗传承人亲切交流，不时赞赏他们的手上功夫和工匠精神，鼓励他们秉持艺术至上，专心致志传承创新。习近平总书记指出，中华优秀传统文化自古至今从未断流，陶瓷是中华瑰宝，是中华文明的重要名片。陶阳里历史文化街区严格遵循保护第一、修旧如旧的要求，实现了陶瓷文化保护与文旅产业发展的良性互动。要集聚各方面人才，加强创意设计和研发创新，进一步把陶瓷产业做大做强，把"千年瓷都"这张亮丽的名片擦得更亮。近年来，景德镇市牢记殷殷嘱托，贯彻落实领导人对试验区的指示精神，聚焦组织保障、顶层设计、宣传发动、项目建设、政策对接和任务落实等重点，全力推进试验区建设开好头、起好步。当前，一批重大政策和试点示范迈出了大步伐，一批重大项目跑出了加速度，一批重点任务按下了快进键，试验区建设正蹄疾步稳，全面推进。

---

① 市委书记访谈录 | 景德镇市委书记刘锋：全力拼经济，要像善待亲人一样善待企业家，https://baijiahao.baidu.com/s？id=1765278830601887733&wfr=spider&for=pc。

② 李克强寄语景德镇：创出千年瓷都新风光，打造国际瓷都，https：//www.gov.cn/premier/2019-11/14/content_5452086.htm。

第二篇　景德镇手工制瓷技艺传承保护

传承是存续之本，固本方能求新。保护不是保守，保护的目的既是传承，又是创新。以手工制瓷技艺为核心的景德镇陶瓷文化是中华优秀传统文化的杰出代表，是景德镇陶瓷业立业、兴业之根系，景德镇陶瓷文化的传承保护就是将景德镇陶瓷业连接上千年的辉煌历史，是为"寻根"，其作用是让景德镇陶瓷业从千年的优秀传统中汲取"营养"，为景德镇陶瓷业创新发展形成"支点"。

第三章 景德镇手工制瓷技艺
及其传承保护意义分析

千百年来，景德镇制瓷业集历代名窑之大成，汇各地技艺之精华，形成了独树一帜的手工制瓷技艺体系，创造了中国陶瓷史上最辉煌灿烂的一段历史。本章分析景德镇手工制瓷技艺及其传承保护意义。

第一节 景德镇手工制瓷技艺概述

一、景德镇手工制瓷技艺的概念

景德镇手工制瓷技艺是指景德镇漫长制瓷历史进程中形成的以拉坯、利坯、画坯、施釉、烧窑等为核心的工序、工艺与技法体系，是国家级非物质文化遗产之一，于 2006 年 5 月被列入第一批国家非物质文化遗产名录。景德镇手工制瓷技艺是在汇集全国各地名窑技艺的基础上形成自己的特色并自成体系的，其工序繁杂，分工十分明细，根据明代科学家宋应星的《天工开物》记载，景德镇制瓷"共计一坯之力，过手七十二，方克成器。其中微细节目，尚不能尽也"，此时景德镇手工制瓷技艺就形成了以 72 道工序为核心的手工分工合作生产体系，72 道工序包括选矿（勘山、烧矿）、制不（dǔn）

（运石、碎石、筛洗、舂石、淘洗、过筛、制浆、制不）、运料（船载、存行）、烧釉（烧灰、配釉）、制匣（制匣、镀匣）、制模（修模、定型）、淘泥（化不、淘洗、稠化、陈腐、铲泥、踩泥）、制坯（揉泥、做坯/拉坯、印坯、利坯、接坯、剐坯）、运坯（驮坯、挑坯、晒坯）、青花（扼料、试照、淡描、混水）、雕塑（圆雕、刻花）、施釉（捺水、荡釉、吹釉、蘸釉、浇釉、促釉、补釉、取釉清足）、烧窑（修匣、装坯、满窑、挑柴、点火、把桩、烧窑）、开窑（开窑、看色、选瓷、装篮、挐窑）、釉上彩（擂料、格色、起稿、拍图、搓料、画瓷、填色、洗染、扒花、写款、烤花）、包装（茭草、装桶），具体见附录2。以下简要介绍景德镇手工制瓷技艺最核心的拉坯、利坯、画坯、施釉和烧窑五项工序[7]。

（一）拉坯

拉坯是器物的雏形制作阶段，它是将加工配制好的陶瓷泥料置于辘轳车上，借助外力制成一定形状的坯件的工序。

（二）利坯

利坯是指在印坯工艺后，将晒干了的粗坯或者毛坯放在辘轳车上，通过旋削的方式，使坯面光滑平整并达到器形生产的厚度规格，从而形成一个完整的器坯的工序。

（三）画坯

画坯是陶瓷装饰的一种，是指根据不同颜料选择在施釉前或施釉后的坯体上进行作画或写字的一种技艺。景德镇坯体装饰基本以青花绘制为主，故而在景德镇，画坯主要描述的是画青花。

（四）施釉

施釉是指在器坯内外罩上一层玻璃质釉，使器坯在烧制后表面光滑致密的一道工序。常用的施釉方法有蘸釉、浇釉、喷釉、吹釉、荡釉、拓釉（涂釉）等。

（五）烧窑

烧窑是陶瓷制作过程中的最后一步。它是根据窑型特点，采用匣钵仰烧或垫钵覆烧法、支圈组合式覆烧等方式将成坯放入窑内，投入松柴或槎柴将窑炉烧至合适的温度，并采用特殊的烧成工艺，将成坯烧成瓷胎的一道关键工序。

二、景德镇手工制瓷技艺的特征

繁琐而复杂的制作工艺流程，明细的分工，独特的传授方式等造就了景德镇手工制瓷技艺的非物质性、传承性、系统性、包容性、濒危性等特征。

（一）非物质性

景德镇手工制瓷技艺是一种不以物质为载体的文化形式，是非物质文化遗产。所有的非物质文化遗产都不需要以任何物质材料作为媒介来表现和传承，这是非物质文化遗产和物质文化遗产最大的也是最明显的区别。景德镇手工制瓷技艺大部分是以传承者之间的口头表述及身体行动等活态的行为方式来延续的，它源于人民的生产、生活，记载着景德镇陶瓷历史文化。

（二）传承性

景德镇手工制瓷技艺是一种通过口传身授延续的非物质文化。没有任何一种文化是不需要通过任何途径和形式表现出来的，否则就不会诞生；没有任何一种文化是不需要传承的，否则就会消失。景德镇手工制瓷技艺离不开口口相传的传承方式，其千年世代传承主要是通过口头讲述和亲身示范等来表现和延续的，其间可能也融合了许多陶瓷从业人员甚至是一般人们的感受和体会，是一种动态的文化传承。如果没有这样世世代代的联结、延续，将景德镇手工制瓷技艺传承下去，那么它会慢慢消失。

（三）系统性

景德镇手工制瓷技艺是靠着匠人们祖祖辈辈在漫长的制瓷历史过程中无

数次的实践，总结形成的以拉坯、利坯、画坯、施釉、烧窑等为核心的 72 道工序、工艺与技法的完整体系，其所囊括的工序非常繁杂，分工十分明细，自成体系。

（四）包容性

景德镇手工制瓷技艺深根于人类社会，与人类社会的发展息息相关，在不断适应人类生存与生活需求的过程中，景德镇手工制瓷技艺也在不断发展与精进；它的形成与发展离不开特定的社会环境，离不开广泛吸收其他地区先进制瓷技艺，它在汇集全中国各地名窑技艺的基础上形成了自己的特色。

（五）濒危性

随着政治、经济的变革和瓷业机械化生产的不断发展，景德镇手工制瓷技艺日渐濒危，虽然得到了部分保留与发展，但其中的一大部分仍在不断地流失和消亡，亟待抢救和保护。

三、景德镇手工制瓷技艺的价值

景德镇手工制瓷技艺是中华优秀传统文化的重要组成部分，具有非常重要的技术价值、经济价值、文化价值与社会历史价值。

（一）技术价值

弥足珍贵的景德镇手工制瓷技艺是以景德镇历代工匠为代表的人们，在漫长的制瓷历史过程中经过无数次的实践总结形成的，包括原料技艺、成型技艺、装饰技艺、烧成技艺等技艺体系，反映了不同历史时期人类认识自然、改造自然的过程中科学技术进步与生产力发展，其本身具有丰富的科学成分与技术成分，并对人类陶瓷生产行为具有重要指导价值。正是依靠精湛的手工制瓷技艺，景德镇陶瓷被贴上了"白如玉、薄如纸、声如磬、明如镜"的标签，其璀璨的历史，经历了唐代"假玉器"的美誉、宋代深获真宗皇帝喜爱而钦赐年号"景德"、明代"至精至美之瓷，莫不出于景德镇"，造就了今天的景德镇青花、玲珑、粉彩、颜色釉四大名瓷，锻造了景德镇市全球驰名的"瓷都"金字品牌。

（二）经济价值

千百年来，景德镇手工制瓷技艺创造了巨大的经济价值。首先，推动了景德镇陶瓷产业发展。据史载，宋代以来，景德镇即"村村窑火，户户陶埏"，昌江两岸都是陶窑作坊，昌江里都是运送瓷器或制瓷原料的舟船。其次，带动了陶瓷相关手工业发展。例如，基于景德镇手工制瓷技艺工序特点，明代御窑厂分工计二十三，其中的大木作、小木作、船木作、竹作、铁作、漆作、桶作、索作等均属于其他手工业受聘于御窑厂，由此可见景德镇手工制瓷技艺带动了陶瓷相关手工艺发展。再次，支撑了景德镇城市发展。景德镇因瓷而立，因瓷而名，因瓷而兴，是一座全城生产瓷器的城市，景德镇独特完整的制瓷工序与工艺，孕育的创新精神绵延数十个世纪。景德镇自唐代开始生产瓷器，至宋代逐渐成为全国重要产瓷区之一，明清时期成为全国制瓷中心，并在西方工业革命之前就把陶瓷做成了世界性的大产业，被英国的李约瑟博士称为"世界上最早的一座工业城市"。依托一种商品，形成一个行业，塑造一种文化，景德镇是唯一一个因陶瓷而繁荣千年的城市，是中国乃至世界上"手工业城市发展的样板"。最后，促进了古代中国成为经济强国。16世纪以前以中国为主导的海上陶瓷之路，打通了太平洋—印度洋航线，建立了以中国为中心的东南亚贸易区和东北亚贸易区。16世纪以后以欧洲列强为主导的海上陶瓷之路，打通了太平洋—印度洋—大西洋的全球航线，建立了完整的世界贸易圈。海上陶瓷之路使中国走上了世界经济强国之路，景德镇瓷器则充当了人类贸易史上第一件全球化商品的角色。亨利·基辛格在《论中国》中说，直至1820年，中国在世界国内生产总值的比例仍大于30%，超过了西欧、东欧和美国国内生产总值的总和。

（三）文化价值

景德镇手工制瓷技艺是通过千百年来制瓷匠人对水、土、火等的实践探索，逐渐形成的一套制瓷技术和文化体系。景德镇手工制瓷技艺蕴含着非常丰富的文化底蕴，体现了传统手工成型工艺的艺术价值，靠着一辈辈匠师们无数的实践过程代代传承。不同时期的瓷器展示了古人与自然结合的特性，靠人的手作成型充分体现了其特有的来源自然、贴合生活，具有深刻的人文艺术价值[8]。景德镇手工制瓷工艺，在中国乃至世界都具有工业文化生态的独特性、唯一性。建立在生产协作关系之上的人文信息，承载了中华文化的精神与中华民族的哲学智慧。讲究天与地的完美，蕴含了中国人敬畏天地、天人合一、与自然世界和谐共生的伟大哲学思想；承载了瓷业窑工的生产和生活，是瓷都社会认同感和归属感的基础[9]。

（四）社会历史价值

景德镇陶瓷素以"汇天下良工之精华，集天下名窑之大成""匠从八方来，器成天下走"而著称，而这恰是景德镇手工制瓷技艺包容性的外在反映。千余年来，景德镇制瓷业集历代名窑之大成，汇各地技艺之精华，形成了独树一帜的手工制瓷技艺生产体系。精湛的手工制瓷技艺，让景德镇陶瓷与茶叶、丝绸作为中国三大主要国际贸易商品，"行于九域，施及外洋"，携其在技术和艺术上的成就，传播到世界各国，深刻而深远地影响着世界各国的生产模式、文化信仰和审美体系，为中国赢得了"瓷之国"的美誉；让景德镇成为中国陶瓷乃至世界陶瓷的代名词，让景德镇陶瓷文化成为中华优秀传统文化中的一种极具代表性的文化，景德镇成为世界了解中华文化的"重要窗口"。景德镇传统手工制瓷技艺，是中华陶瓷文化的精髓要义，已成为中华陶瓷文明的重要象征。

第二节　景德镇手工制瓷技艺传承的当代困境

随着近代科技的发展，工业机械化生产在陶瓷行业的不断深入应用，以及经济转型、生态转型、生活方式转变、社会观念转变，景德镇传统手工制瓷技艺的一些工艺正在加速流失，景德镇手工制瓷技艺的传承面临诸多困境。

一、科技发展与工业化带来的困境

在西方国家，随着工业生产的发展，手工业发展开始遭到扼制。19世纪下半叶，英国的威廉·莫里斯发起了艺术与手工艺运动，与机器制造的产品相抗衡，并取得了很大成就[10]。20世纪20年代，日本"民艺之父"柳宗悦倡导了民艺运动，并在《民艺论》《工艺文化》《日本手工艺》等著述中，研究了传统手工艺存在的意义及其保护的重要性，产生了巨大的影响。在中国，20世纪初，伴随着政治体制和社会环境发生的重大变革，陶瓷领域也进行了一场技术变革，开始运用工业化技术手段生产陶瓷。陶瓷生产的工业化、机械化不仅节省了人力、物力，还可以进行大规模生产，从而大幅降低陶瓷的生产成本，形成显著的成本优势。因此，大多数手工陶瓷匠人都转而尝试大机器陶瓷生产，坚持手工生产的人数锐减，传统的手工制瓷业逐渐凋零。

二、经济转型带来的困境

在中国千年传统的男耕女织生产模式下，生产力相对落后，人们大部分的生活所需品都是手工生产，其中手工陶瓷用品更是常见。明清时期，景德镇手工陶瓷甚至一度风靡海外，成为各国王室追捧的对象。海外市场对手工陶瓷的巨大需求极大地刺激了景德镇陶瓷的生产，使中国陶瓷的生产技艺登峰造极。但是，随着中国政治体制和社会环境发生巨大的变化，"德先生""赛先生"的兴起，西方工业用品与大机器产品源源不断地涌入中国市场，一些塑料制品、玻璃制品、不锈钢制品逐步取代了手工陶瓷制品。目前，虽然在各级政府部门及社会各界人士的努力下，景德镇手工作坊又渐渐兴起，但是除了少量的陶瓷工艺品是手工制作外，大部分的日常生活陶瓷用品还是由工业化批量生产，手工陶瓷的市场占有率微乎其微。

三、生态转型带来的困境

党的十八大以来，以习近平同志为核心的党中央，围绕生态环境保护和经济发展，提出了一系列新理念、新思想，并在中央"十四五"规划建议中展望于 2035 年实现"广泛形成绿色生产生活方式，碳排放达峰后稳中有降，生态环境根本好转"的生态保护目标[11]。然而，景德镇手工制瓷基本是以家庭式的小作坊生产为主，作坊式经营大多利用自己家房子的客厅作为生产车间，设施相对简陋，对生产环境要求不高，一般不会对环境保护进行大额资金投入；而国家提出的生态经济转型的政策，对于以作坊式手工生产为主体的景德镇陶瓷企业而言，其贯彻和执行无疑是一个巨大的难题。作坊式经营本就利润微薄，作坊主更加不愿意投入资金去增加生态保护相关设备，因此面临被迫关停的局面。

四、生活方式转变所带来的困境

随着城镇化进程的不断加快，大量的农村年轻人口涌入城市寻求发展机遇，留在乡村的大部分是老人和小孩，导致相关的社会问题也日益暴露出来。就景德镇手工制瓷技艺的传承而言，一是技艺传承主体弱化，导致千年传承的制瓷技艺后继无人。景德镇很多手工陶瓷家族没有代代相传，一方面，老一辈的人深受官本位思想的影响，希望自己的后辈能够从政，而不是像他们一样以手工陶瓷的生产为营生。另一方面，手工陶瓷制作技艺繁杂，回报周期长，尤为考验一个人的耐性与定力，在如今物欲横流的现实社会中，人们很难沉下心去学习这门技艺，因而景德镇手工制瓷技艺濒临失传。二是本地的年轻一辈对景德镇手工制瓷技艺认可度低。景德镇的年轻一辈由于长期生活在大城市，受大城市生活方式及价值观念的影响，快节奏的生活习惯让他们对慢工出细活的景德镇传统手工制瓷产生抵触心理，认为采用传统的手工制瓷方式并不能给他们带来更高的经济效益，继而逐渐抛弃了景德镇引以为傲的根本，对景德镇手工制瓷技艺的传承和保护造成了重大的冲击。

五、社会观念转变所带来的困境

近代景德镇的手工陶瓷创作风格大多还停留在传统风格，缺少创新性的设计，主要原因如下：一是景德镇手工制瓷基本是通过父子、师徒世代传承的，这就使得制瓷技艺风格、方式都趋于格式化，少有突破。二是近现代文明转型的不平衡性，导致景德镇传统手工制瓷技艺一时难以与时代接轨。在东部发达城市，人们接受现代化思想的机会更多，思维更加倾向于现代化，而景德镇作为一个四线城市，人们的思维相对更加保守，一些人虽然已经感受到了世事的变迁，但是又丢不下传统的观念，导致无法做出大的突破。三是景德镇手工陶瓷大多是定位高于现实生活用品的高档工艺品，基本是等待升值的藏品和玩物，故而会无视现代人的审美观念的变化。总而言之，景德镇手工陶瓷处在传统与创新，似创新又非创新的尴尬境地，难以适应现代人思想观念转变的需求[12]。

第三节　景德镇手工制瓷技艺传承的保护意义

千百年来，景德镇陶瓷沿着古老的陆上丝绸之路和海上丝绸之路"行于九域，施及外洋"，向世界传播中华文化、讲述中国故事，成为中外经贸合作和文化交流的重要媒介。在中国进入"两个一百年"奋斗目标的历史交汇期并日益走近世界舞台中央的今天，深入贯彻落实习近平总书记的"建好景德镇国家陶瓷文化传承创新试验区，打造对外文化交流新平台"重要指示精神，做好景德镇手工制瓷技艺传承保护，努力走出一条具有世界意义、中国价值、新时代特征、景德镇特点的优秀文化传承创新发展新路子，对坚定中华民族文化自信，助力中国"一带一路"建设，构建人类命运共同体与促进中华民族伟大复兴中国梦的实现等，都会产生十分重要的积极意义。

一、有利于保护艺术瑰宝，守住景德镇的"根"和"魂"

"景德镇千年窑火旺"，铸就了景德镇手工制瓷技艺深厚的文化底蕴，成就了景德镇千年瓷都的历史地位。景德镇有冶陶史 2000 年，官窑史 1000 多年，御窑史 600 多年。景德镇手工制瓷技艺代表了所处时代制瓷技术与工艺的最高水平，成为世界陶瓷技艺的高峰。从古至今，几乎所有陶瓷生产国家都曾借鉴和学习过景德镇手工制瓷技艺，自唐五代景德镇青瓷、白瓷达到较高水准后，一些伊斯兰国家率先模仿景德镇瓷器，其后东亚的朝鲜和日本，以及西亚、欧洲均走上学习景德镇手工制瓷技艺的漫漫长路。景德镇手工制瓷技艺生产的瓷器举世瞩目，光耀千年。历史上曾远销世界 120 多个国家，据不完全统计，景德镇行销外洋的瓷器总数当在 3 亿件以上[①]。如今，御窑厂在不同时期生产的精美瓷器，被珍藏在世界各大博物馆，其中有很多甚至成为了无价之宝。景德镇手工制瓷技艺是艺术瑰宝，是景德镇这座城市的"根"和"魂"。做好景德镇手工制瓷技艺传承保护，既是对艺术瑰宝的继承，也是守住景德镇的"根"和"魂"的需要。

二、有利于传承和弘扬中华优秀传统文化，坚定中华民族文化自信

景德镇手工制瓷技艺完美地诠释了土作、水洗、火烧的精雕细琢和凤凰涅槃般的升华，体现了土的敦厚、水的灵动、火的刚烈，被称作是"土与火的艺术"，其中不仅蕴含着中国传统相生相克的五行思想和器以载道、道法自然的哲学思想，而且形成了锲而不舍、精益求精的"工匠精神"，讲求形神兼备，强调知、情、意、行相统一，蕴含着中华民族最基本的文化基因。景德镇手工制瓷技艺集天下名窑之大成、汇各地良工之精华，创造性地实现了器与道、技与艺的完美结合。因此，做好景德镇手工制瓷技艺传承保护，传承创新中国陶瓷文化，有利于传承和弘扬中华优秀传统文化，坚定中华民族文化自信。

三、有利于打造对外交流新平台，助力中国"一带一路"建设

景德镇曾是古代海上丝绸之路的重要起点和货源地之一。明清以来，景德镇陶瓷曾是"中国制造"参与经济全球化的"世界商品"，跨越时空、超越国界，对共建"一带一路"国家民众的生活方式、价值取向、审美情趣等产生了积极影响，成为中国走向世界、世界认识中国的重要文化符号，成为

---

① 景德镇陶瓷的历史地位与发展战略，https：//baijiahao. baidu. com/s？ id＝1687311601845321694&wfr＝spider&for＝pc。

了弘扬中华优秀传统文化的重要载体。做好景德镇手工制瓷技艺传承保护，使景德镇陶瓷成为"一带一路"的文化使者，成为对外展示中国文化的名片、传递中国声音和讲好中国故事的载体；以陶瓷文化为纽带，联结共建"一带一路"国家民心相通，助力中国"一带一路"建设。

四、有利于促进世界文明互鉴，构建人类命运共同体

以景德镇陶瓷为代表的中国陶瓷文化，既是中华民族的伟大创造，凝聚了中华民族的智慧，有其自身独特的风格、气魄与神韵；又共享于世界，并在漫漫的历史长河中与世界各种文明交流互鉴，不断创新，成为一种世界语言与符号。做好景德镇手工制瓷技艺传承保护，传承创新以景德镇陶瓷文化为代表的中国陶瓷文化，以其独特的话语体系，通过陶瓷文化传播，将历史与现在、中国与世界联系在一起，促进世界文化交流与文明互鉴，让"天下大同""协和万邦""万国咸宁"等成为世界人民共同的美好愿景，使以和平、发展、合作、共赢为核心的人类命运共同体理念得到世界人民的认同，在世界范围内搭建起人类命运共同体的社会基础和民众基础。因此，做好景德镇手工制瓷技艺传承保护，传承创新中国陶瓷文化，有利于促进世界文明互鉴，构建人类命运共同体。

五、有利于增强中国文化软实力，促进中华民族伟大复兴中国梦的实现

文化软实力是国家综合国力的重要构成，文化的复兴是中华民族伟大复兴的内在要求与关键。景德镇手工制瓷技艺是中国传统文化的典型代表和中国传统文化辉煌成就的重要标识。因为景德镇陶瓷不同地理自然环境的材料特性，形成了各大名窑的独特个性，见证了中华民族拥抱自然、再造自然、让黄土变黄金的智慧与力量；因为景德镇陶瓷聚合了中国乃至世界最优秀的

工匠技艺和智慧，创造了无与伦比的艺术珍品，彰显了中国的工匠精神与民族豪迈；因为景德镇陶瓷质地坚硬不朽，融合了中国绘画、书法、建筑、印染、雕刻、剪纸等不同艺术的表现形式，并通过釉上彩、釉下彩、釉中彩和高温窑变釉等各种技法的融合，创造了包容万物、与人类心灵互通的陶瓷文化。以上众多因素使得以景德镇为代表的中国陶瓷文化，成为中华优秀传统文化的重要组成部分。因此，做好景德镇手工制瓷技艺的传承保护，实现中华陶瓷文化的复兴，必将有利于增强中国文化软实力，促进中华民族伟大复兴中国梦的实现。

第四章 基于 WSR 方法论的景德镇 手工制瓷技艺传承保护研究

景德镇手工制瓷技艺传承保护是一个复杂的社会问题，从整体、系统的角度去看待景德镇手工制瓷技艺传承保护是目前迫切需要的。本章依据 WSR 方法论，在遵循全面性原则、整体性原则、系统性原则及协调性原则的基础上，构建景德镇手工制瓷技艺传承保护 WSR 三维框架。

第一节 景德镇手工制瓷技艺传承 保护的 WSR 分析框架

WSR 方法论是集物理、事理与人理三维于一体的思维方法，本节运用该方法建立景德镇手工制瓷技艺传承保护的分析框架。

一、WSR 方法论概述

（一）WSR 方法论

1978 年，钱学森院士、许国志院士和王寿云院士在《组织管理的技术——系统工程》一文中指出"运筹学也可以叫做'事理'"[13]。1979 年，钱学森在写给美国著名系统工程专家李耀滋的信中提到"物理""事理"。同年，李耀滋回信给钱学森，表示赞同"物理""事理"的提出，并且提议再加上"人理"[14]。1994 年，我国系统工程学家顾基发院士和朱志昌博士在英国赫尔大学提出完整的物理—事理—人理（WSR）系统，至此，WSR 方法论最终形成。WSR 方法论具有明显的东方思想特点，其核心内涵是懂物理、明事理及通人理[15]。

在 WSR 系统方法论中，"物理"指的是客观世界存在的事物及其规律，它主要回答"物"是什么；"事理"指的是处理问题过程中人们面对客观事物及其规律所采取的方法[16]，主要回答的是"如何去做"的问题；"人理"指的是处理问题过程中的人们之间的关系及变化过程，主要回答的是"应当怎样做才能达到最好"的问题[17]。"物理、事理、人理"三者是相互作用相互影响的系统集成，运用该方法论处理任何复杂的社会问题，首先要理解意图，制定一个明确的目标；然后对研究对象进行调查分析，构建相应的方案，并注重协调处理过程综合考虑原则、全员参与原则、可操作性原则、迭代原则，充分做到懂物理、明事理和通人理，以达到目标水平。

（二）WSR 方法论应用于景德镇手工制瓷技艺传承保护的适用性

笔者以中国知网（CNKI）为检索工具进行文献检索，选取 1984～2023 年被中国知网数据库收录的所有关于 WSR 方法论的学术论文作为分析数据源。截至 2023 年 10 月 29 日的中国知网数据，以"WSR 方法论"为关键词进行全文搜索，相关文献共计 3011 篇。从文献学科分布情况来看，WSR 方法论在企业经济、宏观经济管理与可持续发展、建筑科学与工程、工业经济、体育等学科运用比较广泛（见表 4-1）。

表 4-1　1984~2023 年 WSR 方法论相关文献研究学科分布情况

序号	学科	WSR 方法论运用	
		数量（篇）	占比（%）
1	企业经济	349	11.59
2	宏观经济管理与可持续发展	343	11.39
3	建筑科学与工程	314	10.43
4	工业经济	297	9.86
5	体育	293	9.73
6	计算机软件及计算机应用	192	6.38
7	高等教育	127	4.22
8	农业经济	123	4.09
9	图书情报与数字图书馆	118	3.92
10	行政学及国家行政管理	101	3.35
11	旅游	97	3.22
12	安全科学与灾害防治	93	3.09
13	公路与水路运输	90	2.99
14	环境科学与资源利用	81	2.69
15	会计	69	2.29
16	非线性科学与系统科学	69	2.29
17	数学	68	2.26
18	铁路运输	66	2.19
19	金融	61	2.03
20	贸易经济	60	1.99

　　WSR 方法论作为一种先进的处理复杂问题的方法，被广泛运用于系统科学、管理科学、评价领域、知识管理等领域，也有一些学者尝试将 WSR 方法

论运用在处理文化遗产保护相关问题上。蔡妤荻（2018）运用 WSR 系统方法构建非物质文化遗产标准化体系，旨在促进非物质文化遗产保护[18]。戚俊娣和贾连堃（2021）运用 WSR 方法论对群众体育文化发展现状及相关问题进行分析，并结合 WSR 方法论处理的原则提出提升群众体育文化自信的对策[19]。而景德镇手工制瓷技艺传承保护活动，其实就是在客观物质、系统组织管理的基础上，发挥人的主观能动性去最大限度地调动和发挥各方在手工制瓷技艺传承保护工作中的力量，以尽可能最大限度地达到传承保护的目的。

WSR 作为一个系统，对社会复杂问题进行系统、全面的分析。景德镇手工制瓷技艺传承保护的过程无不是物理、事理、人理三者的有机统一。在对景德镇手工制瓷技艺传承保护的过程中，将 WSR 作为一个相对独立的系统，并由若干个子系统及要素构成，系统与子系统及要素相互联系，相互制约。以景德镇手工制瓷技艺传承保护效果最佳为目标，综合考虑各方面要素，对景德镇手工制瓷技艺进行全面系统的认识，形成以政府为主导，多元主体参与的传承保护系统；对景德镇手工制瓷技艺传承保护过程中各要素情况进行系统分析，使景德镇手工制瓷技艺传承保护达到最佳水平，能体现 WSR 系统方法论思想在景德镇手工制瓷技艺传承保护过程中的适用性。

WSR 方法论为景德镇手工制瓷技艺传承保护提供了一个清晰的思路和角度，通过物理、事理、人理的多层次考量，指导景德镇手工制瓷技艺传承保护实践更具科学性。

二、基于 WSR 方法论的景德镇手工制瓷技艺传承保护框架构建

构建景德镇手工制瓷技艺传承保护 WSR 框架，首先必须要明确研究的对象，理顺物理、事理和人理各自内部及其相互之间的关系[16]。笔者根据对联合国《保护非物质文化遗产国际公约》，以及中国非物质文化遗产保护相关法律文件、政策，特别是《江西省非物质文化遗产条例》《江西省传统工艺振兴计划》相关文件的解读，以及对 WSR 方法论关于解决复杂社会问题研

究的原则、步骤进行研究，学习借鉴了蔡好获（2018）[18]、张蓓和刘人怀（2009）[20]、李国（2012）[21]、张鸿雁等（2021）[22]等学者运用 WSR 方法处理社会复杂问题时的相关思路，结合景德镇手工制瓷技艺传承保护实情，拟从物理（W）、事理（S）、人理（R）三个维度对景德镇手工制瓷技艺传承保护进行 WSR 框架构建。

景德镇手工制瓷技艺传承保护的物理维度是景德镇手工制瓷技艺传承保护的客观物质基础，研究对象为景德镇手工制瓷技艺本身，主要对景德镇手工制瓷技艺及其发展规律或趋势进行研究。事理维度是对景德镇手工制瓷技艺传承保护的相关手段、方法进行研究，主要包括隶属管理、技艺传承保护相关政策法规和制度、传承保护模式、宣传引导等。人理维度主要围绕景德镇手工制瓷技艺传承保护参与者的协调展开研究，主要是指政府部门、社会组织、企业（工作室）、传承人、消费者等主体之间相互协调，发挥主观能动性，共同努力，以达到传承保护景德镇手工制瓷技艺的目的。景德镇手工制瓷技艺传承保护的 WSR 方法论分析框架如图 4-1 所示。

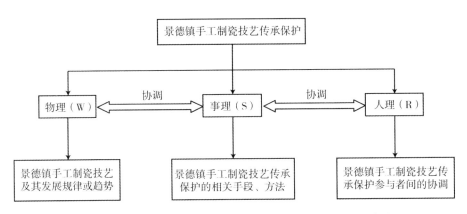

图 4-1 景德镇手工制瓷技艺传承保护的 WSR 方法论分析框架

（一）景德镇手工制瓷技艺传承保护物理维度（W）构建

在景德镇手工制瓷技艺传承保护 WSR 框架中，物理维度主要对景德镇手工制瓷技艺及其发展规律或趋势进行研究。笔者通过文献查阅及对江西省文化和旅游厅 2021 年公示的景德镇手工制瓷技艺分类项进行整理，总结出景德镇手工制瓷技艺主要包括原材料技艺（坯体原料、釉用原料、装饰原料的开采与制作），成型工艺（圆器成型、琢器成型、薄胎成型、雕塑成型、注浆成型），装饰技艺（釉上装饰、釉下装饰、工艺装饰、综合装饰），烧成技艺（传统窑炉营造技艺、匣钵制造技艺、传统红炉营造技艺、装坯技艺、满窑技艺、烧窑技艺）四大类，其细分要素是衡量景德镇手工制瓷技艺传承保护的重要物理因素。笔者利用组织结构图绘制景德镇手工制瓷技艺传承保护的物理结构，如图 4-2 所示。

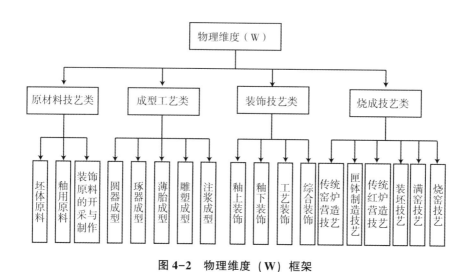

图 4-2 物理维度（W）框架

（二）景德镇手工制瓷技艺传承保护事理维度（S）构建

在景德镇手工制瓷技艺传承保护 WSR 框架中，事理维度主要是对景德镇手工制瓷技艺传承保护相关手段、方法进行研究。根据文献和文件查阅、实地调研及访谈分析，景德镇手工制瓷技艺传承保护事理维度的构建主要包括隶属管理（机构设置、责任划分），政策、法律法规及制度（技艺传承保护相关法律法规、资金投入、人才培养政策、传承人申报认定立档制度、代表性项目申报认定立档制度），传承保护模式（生产性保护模式、抢救性保护模式、整体性保护模式），宣传引导（赛事宣传、文字化宣传、数字化宣传）四个主要方面，其细分要素是衡量景德镇手工制瓷技艺传承保护的重要事理因素。笔者利用组织结构图绘制景德镇手工制瓷技艺传承保护的事理结构，如图4-3所示。

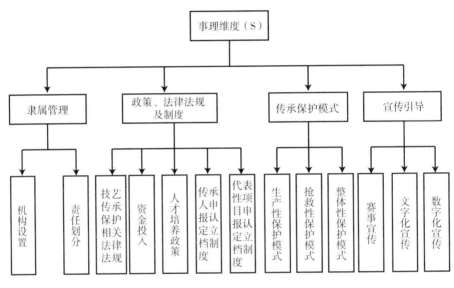

图4-3　事理维度（S）框架

（三）景德镇手工制瓷技艺传承保护人理维度（R）构建

人理是指人与人之间的关系及其互动的过程。做任何事情、处理任何社会问题都需要有人的参与，人与人之间相互协作，发挥主观能动性有助于任务或目标的达成。景德镇手工制瓷技艺传承保护工作是一项人的主观活动，无论是技艺的传承人、消费者，还是企业（工作室）、社会组织及政府部门，都需要协同合作，共同协商处理问题。政府部门的组织领导和协调管理、社会组织的服务意识和保护方法、企业（工作室）的社会责任意识和对景德镇手工制瓷技艺的开发利用、传承人的传承意愿和传承方式、消费者的价值认同和消费意愿等都是景德镇手工制瓷技艺传承保护的重要人理因素，笔者利用组织结构图绘制景德镇手工制瓷技艺传承保护的人理结构，如图 4-4所示。

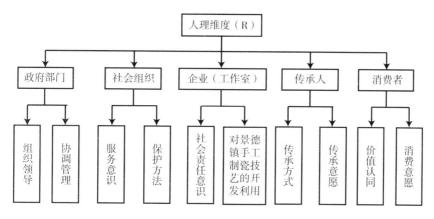

图 4-4　人理维度（R）框架

本书认为，要充分发挥景德镇手工制瓷技艺传承保护协同系统作用，必须梳理政府部门、社会组织、企业（工作室）、传承人、消费者等多元主体之间的关系。第一，政府部门、社会组织和与企业（工作室）、传承人、消费者的管理与服务关系；第二，企业（工作室）与政府部门、社会组织、传承人、消费者之间的沟通或供应关系；第三，传承人与政府部门、社会组织、企业（工作室）的自我价值实现关系；第四，消费者与政府部门、社会组织、企业（工作室）之间的评价与反馈关系。

（四）景德镇手工制瓷技艺传承保护的整体 WSR 框架

在三个维度的构成中，每个子系统都是相对独立的，每个子系统又由若干个要素构成，有各自的组成框架，但是每个系统内容是相互关联的，不仅子系统内部是相互关联的，而且还与总系统保持紧密联系。既保证了系统的完整性，又实现了子系统与总系统的可调整性和可持续性，如表4-2所示。

表4-2　景德镇手工制瓷技艺传承保护的整体 WSR 框架

系统	子系统	要素
物理（W）	原材料技艺类	坯体原料、釉用原料、装饰原料的开采与制作
	成型工艺类	圆器成型、琢器成型、薄胎成型、雕塑成型、注浆成型
	装饰技艺类	釉上装饰、釉下装饰、工艺装饰、综合装饰
	烧成技艺类	传统窑炉营造技艺、匣钵制造技艺、传统红炉营造技艺、装坯技艺、满窑技艺、烧窑技艺
事理（S）	隶属管理	机构设置、责任划分
	政策、法律法规及制度	法律法规、宣传管理、财税政策、人才培养政策、代表性传承人申报认定立档制度、代表性项目申报认定立档制度
	传承保护模式	生产性保护模式、抢救性保护模式、整体性保护模式
	宣传引导	文字化手段宣传、数字化手段宣传
人理（R）	政府部门	协调政府和社会组织、企业（工作室）、传承人、消费者的组织领导与管理关系
	社会组织	协调社会组织和政府、企业（工作室）、传承人、消费者的服务关系
	企业（工作室）	协调企业（工作室）与政府、社会组织、传承人、消费者之间的沟通或供应关系
	传承人	协调传承人与政府、社会组织、企业的自我价值实现关系
	消费者	协调消费者与政府、社会组织、企业（工作室）之间的评价与反馈关系

第二节　景德镇手工制瓷技艺传承保护状况的 WSR 分析

基于 WSR 方法，本节分别从 W、S、R 三个维度，对景德镇手工制瓷技艺传承保护状况进行分析。

一、基于物理维度（W）景德镇手工制瓷技艺传承保护分析

笔者通过走访调研及资料分析了解到，目前景德镇手工制瓷技艺有一部分工序与工艺是现在依然在使用的，从选矿、烧矿，用水碓和石碾将瓷石粉碎，到泥料制成坯器，再到手工装饰、手工施釉，然后采用裸烧或者装烧技术，于窑炉中烧成，这一流程工序一直沿用到现代[23]；但是，大部分的工序和技艺都已经实现了半机械化、机械化。具体见如下分析：

（一）原料技艺

在原料开采与加工方面，大部分的工艺已经实现半机械化、机械化。瓷土开采除改用排水沟、滤水等 7 种操作外，还采用了风钻开采来代替工人锤凿开采；采用雷蒙粉碎机、颚式破碎机、双轮粉碎机等机械设备进行矿石粉碎，代替水碓和人力碓舂[65]；采用真空练泥机，替代了原来匠人"三道脚板，二道铲"的生产操作状况，利用水造分离器、球磨机、真空练泥机和木质练泥机等机器操作替代原来手工原料陶泥精制。

（二）成型技艺

在成型技艺方面，大部分企业及个人采用压饼机、打饼机、滚压制坯机、半自动刀旋压制坯机等方式自动化机械成型。圆器成型广泛推广使用电动辘轳车，琢器成型普遍改用排列压力注浆和多层压力注浆，坯胎干燥由自然干燥改为人工的烘房干燥。手工成型技艺现在主要在一些小作坊、政府组织的生产基地、旅游景区等地可见，技艺传承保护存在形式化、表演化倾向。

（三）装饰技艺

在装饰技艺方面，大部分企业采用喷机自动喷釉和机器流水线刷釉的方式代替以前人工蘸釉、浇釉、喷釉、吹釉、荡釉、拓釉（涂釉）等方式。其中彩绘方面，很多企业采用印花和贴花、晒花、洗花等新技术代替手工绘

画[24]，值得庆幸的是大部分的陶瓷美术家、工艺大师、技能大师、陶瓷艺人等人群依然坚持采用手工施釉、手工绘画、写字的方式。

（四）烧成技艺

在烧成技艺方面，广泛使用电窑、气窑、煤窑的方式进行窑烧，基本结束了上千年的柴窑生涯，温度控制方面采用仪表控温代替以前凭人工经验掌控温度的历史。

中华人民共和国成立后，国家鼓励大力发展工业，景德镇市政府为了跟上时代步伐，将景德镇的陶瓷手工作坊合并成十大国营的机械化瓷厂，景德镇陶瓷迎来了重大的技术变革。为了提高产量、节约成本，大部分手工制瓷技艺采用了先进的机械化生产技术，只有少数几道工序采用了手工制造，基本抛弃了传统小作坊制作工艺。目前也只有少数老艺人仍然坚持采用传统的手工生产方式，大部分人为了适应机械化生产，已经抛弃了景德镇引以为傲的根本；而这些经由大机器生产的陶瓷品丧失了其原本的味道与纯真，同时也失去了其内在的文化价值与艺术魅力，丧失了产品的核心竞争力。

二、基于事理维度（S）景德镇手工制瓷技艺传承保护分析

（一）隶属管理

隶属管理在一定程度上可以反映非物质文化遗产的管理机制问题。针对景德镇手工制瓷技艺传承保护管理，可以分为国内机构和国外机构设置管理，以国内机构管理为主，国内机构管理遵循自上而下的管理方式，这种管理方式分工细致、职能明确，能够有效地促进景德镇手工制瓷技艺传承保护工作顺利展开，如图4-5所示。

1. 国外机构设置与责任划分

国外非物质文化遗产保护机构主要有联合国教科文组织、联合国教科文组织活态遗产处、《保护非物质文化遗产公约》有关机关等。联合国教科文

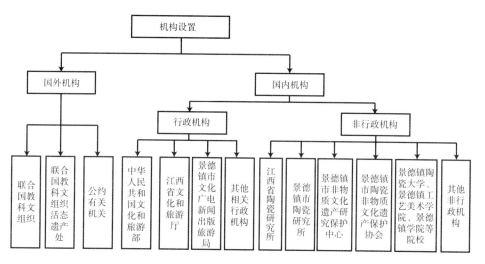

图4-5 景德镇手工制瓷技艺传承保护机构设置

组织致力于在尊重共同价值观的基础上为不同文明、不同文化和不同民族之间开展对话创造条件，于1989年通过了《保护传统文化和民俗的建议》，号召世界人民保护民俗文化，2003年制定了《保护非物质文化遗产公约》。联合国教科文组织活态遗产处承担了《保护非物质文化遗产公约》秘书处的职能，依照联合国教科文组织大会已核准的方案和预算履责；公约有关机关致力于维护和执行《保护非物质文化遗产公约》相关条例。国外机构关于非物质文化遗产的管理为我国非物质文化遗产保护提供了依据，为景德镇手工制瓷技艺传承保护做出了一定的贡献。

2. **国内机构设置与责任划分**

国内保护机构的设置，主要包括行政机构和非行政机构两大类。行政机构主要涉及国家、省、市、县等各级文化主管部门及其他相关行政机构。国家文化部门主要负责制定各类法律法规、规划、标准等，对申报项目进行审批、检查、认定，组织监督具体保护工作，并同时接受监督；筹备和划拨非物质文化遗产保护专项经费，开展与项目有关的展示活动，建设公共文化机构等。在景德镇手工制瓷技艺的传承保护中，先由景德镇市文化部门对景德镇手工制瓷技艺进行研究调查，然后根据国家相关法律法规，依法组织、监督景德镇手工制瓷技艺传承保护具体工作。对符合条件的项目及传承人申请国家、省级、市级保护，逐级报上级文化部门备案。

非行政机构主要包括江西省陶瓷研究所、景德镇市陶瓷研究所、景德镇市非物质文化遗产研究保护中心、景德镇市陶瓷非物质文化遗产保护协会、景德镇陶瓷大学、景德镇工艺美术学院、景德镇学院等。其中陶瓷研究所主要负责陶瓷文化、技艺的交流与培训、陶瓷艺术品的创作、陶瓷制作相关研究，以及陶瓷学术相关研究。中国陶瓷工业协会作为政府连接企业的桥梁，主要担负传递信息，规范陶瓷市场，对陶瓷产品进行维权打假，为企业或者陶瓷作坊及个人提供技术服务，组织会员单位参加国内外陶瓷交易会、博览会，以及印制、颁发景德镇陶瓷艺术作品证书等的职能。景德镇陶瓷大学及景德镇工艺美术学院等教育机构主要负责陶瓷领域高素质人才培养、组织开展相关学术研究及交流活动等。

根据调研结果及资料分析结果可以发现，当前景德镇手工制瓷技艺管理组织体系存在行政交叉、职责不清晰的问题。制瓷技艺的传承保护管理权限基本集中于当地行政主管部门负责人，决策相对缺乏民主。这种情况一方面容易削弱与景德镇手工制瓷技艺传承保护相关的宏观管理和监督的职能；另一方面工作流程缺乏法制化，容易导致上下级之间及各部门之间相互推诿责任，导致工作效率低下；而且，景德镇手工制瓷技艺中很多工序政府没有进行调查跟踪，只重视核心工序的调查记录。想要系统地、完整地了解景德镇手工制瓷技艺还是有一定困难的，景德镇目前还没有建立一个比较完善的手工制瓷技艺资料馆，获取资料大多只能通过景德镇市文化和旅游局、景德镇市非物质文化遗产保护中心及一些书籍、杂志，信息比较杂乱，没有系统性的整理，这对开展研究景德镇手工制瓷技艺相关工作来说，缺乏可靠的参考依据。

（二）政策、法律法规及制度

1. 法律法规

没有规矩，不成方圆，任何事物的发展都要遵循一定的规律，手工制瓷技艺的传承保护必须遵循国家和地方的相关法律法规。目前，景德镇手工制瓷技艺传承保护相关法律法规主要包括制瓷技艺项目保护、手工制瓷技艺原料保护、手工制瓷技艺相关遗址保护、手工制瓷技艺传承人保护、陶瓷知识产权等多个方面。

我国政府早在 20 世纪 90 年代的时候就开始注重非物质文化遗产立法方面的保护工作。宁夏、江苏最早开始制定保护民间美术和民间艺术的地方性法规和规章。接着，1997 年国务院颁布了《传统工艺美术保护条例》。2006 年景德镇市政府制定了《景德镇市非物质文化遗产普查工作计划（方案）》，并于 2008 年通过了《景德镇市传统制瓷技艺代表性传承人认定与管理暂行办法》。2011 年国家颁布了《中华人民共和国非物质文化遗产法》，标志着我国非物质文化遗产保护走上了依法保护的阶段。景德镇市政府 2012 年制定下发了《景德镇市民族民间文化保护工程实施方案》，2014 年颁布实施了《景德镇陶瓷知识产权保护管理规定》，2016 年出台了《景德镇手工制瓷工艺》标准。2017 年江西省政府制定了《江西省传统工艺振兴计划》；同年，景德镇市政府出台了《景德镇历史文化名城保护办法》《景德镇市人民政府办公室关于加强我市非物质文化遗产保护工作的意见》《景德镇市级非物质文化遗产名录申报评定暂行办法》《景德镇市御窑厂遗址保护管理条例》等多个政策性文件。

目前，关于景德镇手工制瓷技艺传承保护的地方性法律法规还不完善，针对手工制瓷技艺一般性项目、一般性传承人、陶瓷知识产权保护及手工制瓷技艺生产性开发利用等方面普遍缺乏相关的法律法规。就陶瓷知识产权而言，一是景德镇陶瓷专利经常被盗用，新产品问世后，马上就会被大量地抄袭模仿，并且以低价销售；二是"景德镇"这一地标性名词被景德镇各大陶瓷厂及作坊滥用，以次充好，欺骗外来消费者；三是仿冒名人名作、侵犯著作权，由于瓷器无统一标准，真假难辨，仿冒品泛滥成灾。2020年在两会上全国人大代表于集华表示，目前景德镇有十几万陶瓷从业者，但景德镇陶瓷知识产权保护能力不足，存在维权时间长、成本高等问题。

2. 资金投入相关制度

景德镇手工制瓷技艺作为国家重点保护的非物质文化遗产，其资金来源主要有国家财政拨款、地方财政补助、企业投资及其他方面。政府资金投入主要包括组织管理费和保护补助费。国家财政对重点项目和一般项目进行补助。中央规定代表性传承人传承活动测算标准为每人每年2万元，代表性传承人记录项目测算标准为每个40万元，地方政府可根据各地实际情况统筹安排。据《江西省传统工艺振兴计划》相关规定，江西省财政厅、江西省发展和改革委、江西省文化和旅游厅、江西省税务局等部门针对符合规定的传统工艺项目及特色文化产业传统工艺发展应当予以适当资金支持。比如，对场地建设、传承人项目、传承活动等给予一定的金额补贴，对从事传统工艺的企业给予税收优惠政策。景德镇政府官方数据显示，自2012年开始，对于国家级保护基地，政府给予每年20万元的资金补助，用于开展非遗研究与保护。此外，2019~2021年景德镇准备投资1035亿元用于陶瓷文化传承创新试验区建设。企业资金投入方面，主要涉及以营利为目的的生产性活动，而真正关于景德镇手工制瓷技艺公共性的保护资金投入很少。虽然政府在一定程度上缓解了技艺传承保护资金紧张的问题，但是资金来源渠道过于单一，不能保障景德镇手工制瓷技艺传承保护所需的全部经费。虽然景德镇市政府也在通过各种形式扩大资金来源渠道，但效果还不是很明显，资金来源渠道还需要进一步拓宽；同时还需要不断发掘基地自我造血的能力，为手工制瓷技艺的传承保护打下坚实的物质基础。

3. 代表性传承人申请认定立档制度

在景德镇手工制瓷技艺传承保护中，传承人发挥着至关重要的作用。根据《中华人民共和国非物质文化遗产法》等有关法律法规，国家文化和旅游部出台了《国家级非物质文化遗产代表性传承人认定与管理办法》，每 5 年开展一次国家级非物质文化遗产代表性传承人认定工作，公民可以通过向项目所在地文化和旅游主管部门提交申请材料，或者中央各部门直属单位通过其主管单位直接向文化和旅游部推荐国家级非物质文化遗产代表性传承人并提交申请材料的方式报名参加代表性传承人认定工作；各级文化和旅游主管部门收到申请材料或者推荐材料后，组织专家进行审核并逐级上报，最终由国家文化和旅游部审核并公示国家级非遗传承人认定结果，建立传承人相关档案（内容主要包括传承人基本信息、参加学习培训、开展传承活动、参与社会公益性活动情况等），并及时更新相关信息。省级和市级非遗传承人认定工作程序与国家非遗传承人认定工作大同小异，只是最终认定机构为省级文化和旅游部和市级文化和旅游部。景德镇市政府为加强市级非物质文化遗产代表性传承人队伍建设，壮大景德镇市手工制瓷技艺非遗传承人群体，根据《中华人民共和国非物质文化遗产法》《江西省非物质文化遗产条例》《中国传统工艺振兴计划》及相关规定，组织开展国家级、省级、市级非遗传承人申报、推荐及认定工作。但是对一般性传承人没有相关保护规定，也没有考虑到大部分手工制瓷技艺项目并不是单个传承人，一般是一个团体或是群体。

4. 代表性项目申请认定立档制度

建立非物质文化遗产代表性项目名录，对保护对象予以确认，是非物质文化遗产保护的基础性工作，也是非常重要的一个举措。《中华人民共和国非物质文化遗产法》明确规定"国家对非物质文化遗产采取认定、记录、建档等措施予以保存"。国务院建立国家级非物质文化遗产代表性项目名录，省、自治区、直辖市人民政府建立地方非物质文化遗产代表性项目名录。景德镇市政府根据《中华人民共和国非物质文化遗产法》《江西省非物质文化遗产条例》《景德镇市级非物质文化遗产名录申报评定暂行办法》及相关规定，组织开展国家级、省级、市级非遗代表性项目申报、推荐及认定工作。同样，对于一般性项目没有相关保护规定。

截至 2021 年，笔者根据国家非物质文化遗产网、江西省非物质文化遗产网和景德镇市非物质文化遗产网相关数据，按技艺类型统计景德镇手工制瓷技艺非物质文化遗产保护情况，其中国家级非物质文化遗产项目立项 2 个，省级 14 个，市级 11 个；景德镇手工制瓷技艺类传承人国家级 11 人，省级 60 人，市级 354 人。具体如表 4-3 所示。

表 4-3　景德镇手工制瓷技艺非物质文化遗产保护统计

类别	代表性项目数（项）			代表性传承人数（人）		
	国家级	省级	市级	国家级	省级	市级
原材料技艺类	1	4	3	0	7	24
成型工艺类	0	1	1	3	12	52
装饰技艺类	0	8	6	6	36	241
烧成技艺类	1	1	1	2	5	37

注：笔者将雕刻技艺归为装饰技艺类，制瓷工具制作技艺和毛笔制作归为原材料技艺类。

根据表 4-3 景德镇手工制瓷技艺非物质文化遗产保护统计情况，我们可以发现按技艺类型划分，就国家级项目而言只有原材料技艺类和烧成技艺类两项；而且原材料技艺立项却没有相应的传承人，而成型工艺类和装饰技艺类虽然有传承人但是没有立项。从国家级、省级、市级代表性传承项目与代表性传承人立项来看，大多集中在装饰技艺类；成型工艺类和烧成技艺类省级、市级都只有 1 个。从立项数量可以看出景德镇制瓷技艺传承保护项目、传承人严重失衡。

5. 技艺人才培养政策

技艺的传承保护关键在于人，加强技艺型人才培养，打造人才高地。景德镇市委、市政府出台了多项关于陶瓷技艺人才培养政策举措，具体如表4-4所示。

表4-4　景德镇市技艺人才培养政策

年份	内容
1994	景德镇市劳动人事局下发《关于在景德镇市非公有制企业内部评定专业技术职称的实施意见》（景人字〔1999〕1号文），在全市为非公人员开展工艺美术职称评审
2005	景德镇市政府制定《景德镇市国民经济和社会发展第十一个五年规划纲要》，提出要大力加强人才队伍建设
2010	景德镇市政府制定《景德镇市国民经济和社会发展第十二个五年规划纲要》，市政府下发《景德镇市进一步加强高层次人才工作的若干规定》，景德镇市委、市政府发布《景德镇市中长期人才发展规划纲要（2010—2020年）》
2011	景德镇市委、市政府确立"陶瓷优先发展"战略，设立人才资源开发专项基金，对领军型高层次陶瓷创业人才，财政一次性给予100万元创业启动资金；激励服务机制向陶瓷人才倾斜等，做大做强陶瓷产业
2015	景德镇市委、市政府批准成立景德镇市陶瓷发展委员会，并下发《关于进一步加强对人才工作的意见》等政策规定。成立首届当代陶瓷绘画艺术人才培养高级研究班
2017	成立景德镇市招才引智局、景德镇市景漂景归人才服务局，专门服务"景漂""景归"。同年，景德镇市政府根据江西省人才队伍建设相关规定，组织参加"赣都工匠""江西省能工巧匠"人才评选工作
2018	景德镇市委、市政府出台《景德镇市"3+1+X"产业人才发展实施办法（试行）》《景德镇市"3+1+X"产业人才发展十条政策》
2020	景德镇市政府出台《景德镇高新区加强人才队伍建设若干政策》《景德镇市市级人才发展专项资金管理办法（试行）》
2021	景德镇市政府印发《景德镇市职业教育改革实施方案》、景高新才办字〔2021〕3号（关于印发《景德镇高新区引进人才生活补贴的实施细则》等8个实施细则的通知）
2022	景德镇市政府出台《景德镇市陶瓷文化传承创新条例》提出要引进高层次、技能型人才，推行人才奖励、激励制度，开展陶瓷领域职称评审和职业技能等级评价工作，支持陶瓷文化人才职业发展

官方数据显示,目前景德镇拥有国家级、省级、市级工艺美术大师、陶瓷艺术大师、技能大师、非遗传承人等 3000 多人,还吸引了 3 万多个来自世界各地的"洋景漂"在景德镇从事陶瓷产业相关工作。

(三)传承保护模式

以景德镇为代表的中国手工陶瓷既属于中华民族的伟大创造,凝聚了中华民族的智慧,有自身独特的风格、气魄与神韵;又共享于世界,并在漫漫的历史长河中与世界各种文明交流互鉴,不断创新,成为一种世界语言与符号。为了更好地传承保护千年手工制瓷技艺及千年陶瓷文化,全国各界人士都为此付出了巨大努力。景德镇市政府贯彻"抢救第一、合理利用、传承发展"的方针,对景德镇手工制瓷技艺采取了抢救性保护、整体性保护、生产性保护的模式。

抢救性保护方面,景德镇市政府对景德镇手工制瓷技艺展开了全面的普查、登记工作,依法对代表性项目及传承人开展申请国家、省级及市级认定、立档工作。建设了景德镇手工制瓷技艺相关博物馆 17 个,还成立了景德镇陶瓷大学古陶瓷研究所,对景德镇古陶瓷生产技艺进行研究。

整体性保护方面,景德镇市政府建立了集陶瓷匠人、手工陶瓷部分技艺、古代制瓷作坊、清代镇窑、明代葫芦窑、元代馒头窑、宋代龙窑、风火仙师庙、瓷行等于一体的国家级陶瓷文化旅游景点。

生产性保护方面,包括建设基地和文化生态区。根据景德镇市人民政府数据,截至 2021 年景德镇手工制瓷技艺国家级"非遗"生产性保护示范基地共 2 个,分别为江西省景德镇佳洋陶瓷有限公司(2011 年)、江西省景德镇古窑瓷厂(2011 年)。景德镇手工制瓷技艺市级"非遗"传承基地 4 个,分别是占绍林技能大师工作室(2017 年)、景德镇市佛艺陶瓷艺术研修院(2017 年)、景德镇市宝蕴阁珐琅彩瓷创作研究中心(2017 年)、景德镇市厚森陶瓷有限公司(2017 年)。景德镇手工制瓷技艺市级"非遗"传播基地 6 个,分别为景德镇原创陶瓷故事文化发展有限公司(2017 年)、景德镇逸品

天合陶瓷有限公司（2017 年）、景德镇三宝净界陶瓷文化传播有限公司
（2017 年）、景德镇湖田陶瓷文化传播有限公司（2017 年）、景德镇崔迪陶瓷
文化有限公司（2017 年）、景德镇比玉堂瓷文化传播有限公司（2017 年）。
景德镇国家陶瓷文化传承创新试验区 1 个，并且该试验区将作为一项国家战
略重点推进①。目前，景德镇手工制瓷技艺传承保护基地建设还处于较高的
水平，甚至在个别方面的建设要领先于当前其他省份，这与江西省和景德镇
市政府对手工制瓷技艺的重视有着密不可分的关系。这些基地建设都是在政
府引导下，社会积极参与，基本采取的是"产、展、销"一体化模式，这种
方式不仅起到对手工制瓷技艺传承保护的作用，还为社会创造了一定的经济
价值。

近几年，景德镇手工制瓷技艺传承保护依然存在定位不清晰、盲目跟风
的问题，导致保护模式同质化现象严重，忽视了"特色"这一核心要素，落
入了"复制加粘贴"的窠臼之中，背离了景德镇制瓷技艺传承保护的初衷。

（四）宣传引导

宣传是指运用各种手段传播一定的观念，以达到影响人们思想和行动目
的的社会行为。景德镇手工制瓷技艺传承保护不仅仅是政府的事情，我们每
一位公民都应该参与进来。景德镇市政府部门及相关组织在手工制瓷技艺传
承保护方面做出了不少努力，如组织陶瓷手工业技能大赛，高技能人才评选
工作，拍摄纪录片，利用文化馆（站）、图书馆、博物馆、美术馆等公共文
化设施开展手工制瓷技艺相关培训、展览、讲座、学术交流等活动，通过编
辑相关书籍及利用网站、微信公众号、微博及大数据等平台普及景德镇手工
制瓷技艺相关知识。

近年来，景德镇市通过举办复兴之路中国梦首届陶瓷技艺大赛、"振兴
杯"暨古窑"圣火奖"陶瓷行业职业技能竞赛、"唐英杯"第十一届陶瓷艺

---

① 牢记嘱托奋进新时代 只争朝夕迈步新征程——景德镇国家陶瓷文化传承创新试验区建设正酣
https：//www. thepaper. cn/newsDetail_ forward_ 10692670。

术"百花奖"评比活动 2015 中国技能大赛—首届陶瓷成型职业技能、"高岭杯"全国陶瓷职业技能竞赛、江西省陶瓷文物修复职业技能竞赛、"昌南杯"陶瓷行业职业技能竞赛、2023 年全国轻工陶瓷行业职业技能竞赛江西省选拔赛、"龙珠杯" 2023（首届）珠山工匠陶瓷技能大赛等多项赛事活动，吸引了来自全国的陶瓷手工艺人参加，极大激发了广大陶瓷从业人员的主动性和创造性，同时扩大了景德镇手工制瓷技艺的宣传范围，提高了景德镇手工制瓷技艺的知名度。除此之外，政府等主体还出版了景德镇手工制瓷技艺相关书籍，主要有《国窑——景德镇十大瓷厂风华录》《瓷都瑰宝》《景德镇陶瓷史料》等，较为全面地介绍了景德镇手工陶瓷及其工艺，为世人提供景德镇手工制瓷技艺相关学习资料。

随着科技的飞速发展，新媒体越来越受到人们的关注，成为人们热议的话题。按照文化部要求，景德镇市政府已经启动实施景德镇传统手工制瓷技艺数字化保护工程，用数字化的方式全面记录景德镇传统制瓷工艺体系。2017 年景德镇市局耗时 3 年，拍摄景德镇千年手工制瓷技艺流程纪录片——《匠心冶陶》，这部巨典之作为后人学习手工制瓷技艺留下了集大成的宝贵资料。笔者还通过搜索景德镇文旅相关微信公众号，以及微博、抖音、快手等平台，发现近年来均有大量关于景德镇手工制瓷技艺方面的宣传，其内容丰富多样，如图 4-6、图 4-7 所示。

但是，目前景德镇官方及社会对景德镇手工制瓷技艺的宣传几乎集中在拉坯、利坯、画坯、施釉、烧窑五道核心工序上面，这样容易让人产生错觉，以为景德镇制瓷技艺就是这五道工序。另外，景德镇手工制瓷技艺内容丰富多彩，其宣传方式也应该生动形象、形式多样；但是就目前而言，景德镇手工制瓷技艺除了通过赛事、陶瓷交流会、书籍、网络平台这几种常规方法宣传外，几乎没有开发其他渠道，导致其普及面还是非常有限。

图 4-6　抖音、快手平台宣传截屏

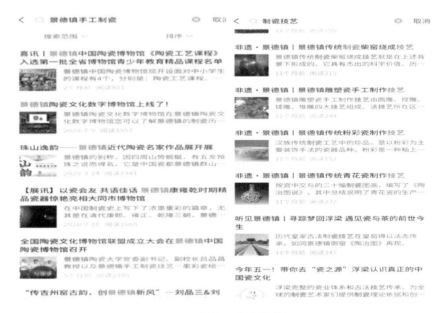

图 4-7　微信平台宣传截图

资料来源：笔者整理。

三、基于人理维度（R）景德镇手工制瓷技艺传承保护分析

（一）政府部门

政府部门、社会组织、企业（工作室）、传承人、消费者围绕景德镇手工制瓷技艺传承保护形成了一个自组织团队，其中政府部门在景德镇手工制瓷技艺传承保护中发挥主导作用，政府的保护力度在很大程度上影响了手工制瓷技艺传承保护目标的实现。政府通过组织领导，实施相关的保护措施对景德镇手工制瓷技艺传承保护各主体进行管理与服务。

政府将部分权力让渡给社会组织，积极调动社会组织的力量，共同致力于手工制瓷技艺的传承保护，以实现政社分工合作和协商合作。

政府对企业（工作室）的培育与扶持发挥着重要的作用。地方政府对企业的优惠政策，对企业发展有很大的帮助。目前，在景德镇国家陶瓷文化传承创新试验区内对手工技法制瓷一般纳税人自产手工技法制瓷产品实行增值税简易征收的政策，在很大程度上减轻了景德镇手工制瓷企业的税负问题。此外，景德镇市政府还建立了市领导挂点责任制，对重点企业和项目进行重点培育，努力培育一批具有地方特色的龙头企业，建设一个人才集聚、环境优美的手工制瓷企业园区。对于个人工作室来说，政府没有明确规定扶持事项。

政府对传承人的相关政策保护，对传承人队伍的建设具有重大意义。景德镇市政府根据中央关于代表性传承人保护相关法律法规及景德镇手工制瓷技艺传承人生存发展现状，于2008年制定了《景德镇市传统制瓷技艺代表性传承人认定与管理暂行办法》，针对代表性传承人给予相关社会荣誉，对代表性传承人开展传习活动给予资金支持，为代表性传承人及其学徒适当安排工作；对列入国家级、省级、市级的代表性传承人，市政府按月分别给予特殊技艺补贴（国家级800元，省级600元，市级400元）等。这些举措在一

定程度上缓解了代表性传承人及其学徒的生存压力，增强了代表性传承人及其学徒的传承意愿。

政府与消费者的交流与沟通，主要体现在维护消费者合法权益与价值引导方面，从而增强消费者对手工陶瓷产品的消费意愿。有市场，才能迎来更好的发展，对景德镇手工制瓷技艺最好的保护，就是人们在日常生活中使用手工陶瓷产品。景德镇市政府一方面通过景德镇市市场监督管理局和景德镇市消费者协会等部门或组织与消费者建立联系，为消费者保驾护航；另一方面依托现代高科技和现代新媒体技术，将传统制瓷技艺场景、制瓷过程、人文内涵大范围地向世人展示，让消费者进一步了解手工陶瓷。在经济高速发展的时代，人们对美好生活的向往更加强烈，特别是对丰富精神生活的事物及活动相当热衷，在政府的价值引导下，更容易对具有温度与情感的手工陶瓷产品产生共鸣。

景德镇手工制瓷技艺传承保护是以政府为主导的，但是从实际情况来看，其管理还是保持传统的行政管理的方式，在管理过程中墨守成规，造成管理水平低下。在服务型政府、服务型组织建设中，大多数时候依然采用原来的督管方式，未能完全落实管理工作由"督管型"向"服务型"转变。

（二）社会组织

在景德镇市政府的领导与支持下，目前成立了江西省陶瓷研究所（1985年）、景德镇陶瓷协会（1997年）、景德镇市陶艺设计家协会（2000年）、景德镇市女陶艺家协会（2004年）、景德镇市艺术家交流协会（2005年）、浮梁县官窑文化研究院（2007年）、景德镇市陶瓷美术家协会（2009年）、景德镇市中小企业创业者协会（2010年）、景德镇市陶瓷评论家协会（2011年）、景德镇陶瓷专业人才协会（2012年）、景德镇市青花陶艺协会（2014年）、景德镇中外陶瓷艺术协会（2014年）、景德镇市陶瓷高技能人才协会（2014年）、景德镇市陶瓷非物质文化遗产保护协会（2020年）等陶瓷相关社会组织，协助政府制定和实施陶瓷行业发展规划、产业政策、行政法规和有关法律和负责制定相关规定与标准并开展陶瓷行业相关人才培养与评选工作等。

(三) 企业 (工作室)

企业（工作室）参与手工制瓷技艺传承保护工作，不仅是企业（工作室）承担社会责任的一种表现，还是企业自身发展的一个契机。企业在生产经营过程中，通过与政府、社会组织沟通交流，共商发展大计；通过与手工制瓷技艺传承人协商，为他们创造适合的传承发展空间；通过与消费者互动，为消费者提供富有创意与精神文化的产品、服务。

目前，景德镇企业利用手工制瓷技艺相关内容发展的模式不再是传统的产品生产销售模式，而是采取多元化发展战略，从产品的生产、展览到销售形成一体化的旅游参观路线，不仅可以利用产品销售创造利润，还可以利用文化旅游创造额外收益；这样既实现了企业利润的最大化，又为景德镇手工制瓷技艺传承保护做出了贡献。

笔者通过访谈（调查问卷见附录3）的手工陶瓷相关企业（工作室）了解到，目前企业（工作室）跟消费者的互动主要通过抖音、快手、淘宝等直播平台，而工作室除了通过网络直播平台与消费者互动外，还会通过微信朋友圈、微信群发布新产品，与消费者进行互动。通过对景德镇红叶陶瓷股份有限公司、景德镇饶玉陶瓷文化传播有限公司、景德镇翰唐陶瓷有限公司等陶瓷企业（工作室）调研，发现这些企业（工作室）除了日常正常生产产品，接受客户私人定制外，有的企业（工作室）还会与政府、学校、研究院、旅游公司等合作，开展产学研一体化活动，通过多元主体的共同参与，助力企业创新性发展。现在企业（工作室）参与景德镇手工制瓷技艺传承保护正处于快速发展阶段，但是也伴随着不少问题；有些企业打着传承保护景德镇手工制瓷技艺的旗号，对手工制瓷技艺进行盲目开发、过度开发，严重破坏了生态平衡，手工制瓷技艺在通过经济和商业运作实现经济效益的过程中，在经济利益的驱使下，或利用现代科技技术改变技艺，或将其产业化，或为了追求创新而强行附加许多现代元素等。目前景德镇有很多企业从外地批发机械化瓷坯，到景德镇进行手绘装饰加工；更有甚者直接采用统一贴花的方式，烧成之后，打着"景德镇手工陶瓷"的旗号售卖；这种趋利性开发，导致传统手工制瓷技艺沦为地摊艺术，使得传统的手工制瓷技艺遭到严重破坏，同时严重损害了消费者权益，让消费者对景德镇手工陶瓷望而却步。

（四）传承人

传承人的传承意愿与传承方式决定了未来景德镇手工制瓷技艺的兴衰。而政府和社会团体对传承人的保护措施，以及企业给传承人创造的自我人生价值实现的条件等，都对传承主体传承意愿的选择有着很大影响。目前景德镇手工制瓷技艺传承方式主要有：家族传承、师徒传承、组织传承及学院传承四种方式。根据 2021 年景德镇非物质文化遗产研究保护中心调研结果，景德镇市 11 位国家级制瓷技艺传承人年龄均超过 50 岁，其中有 7 位年龄在 80 岁以上，而省级制瓷技艺传承人年龄普遍在 60 岁以上，最大的 94 岁，最小的也有 44 岁。从这些数据可以反映一些问题，目前景德镇手工制瓷技艺传承人老龄化严重，年轻血液不足。传承主体意愿情况调查结果如表 4-5 所示。

表 4-5　传承主体意愿情况调查

单位：人，%

意愿情况	陶瓷艺人（N=23）		陶瓷艺术家（N=6）		陶瓷研究人员（N=4）		大学生（N=49）	
	频数	占比	频数	占比	频数	占比	频数	占比
非常愿意	16	69.6	5	83.3	4	100	6	12.2
愿意	5	21.7	1	16.7	—	—	17	34.7
一般愿意	2	8.7	—	—	—	—	21	42.9
根本不愿意	—	—	—	—	—	—	5	10.2

表 4-5 的调查数据（调查问卷见附录 4）显示，手工制瓷艺人、陶瓷艺

术家、陶瓷研究人员对景德镇手工制瓷技艺传承保护的意愿更高，而大学生群体对手工制瓷技艺传承保护意愿并不是很高，只有12.2%的人是非常愿意，而42.9%的人表示一般愿意，甚至还有10.2%的大学生表示根本不愿意从事手工制瓷技艺相关工作。究其原因主要有以下两点：一是从事手工制瓷技艺相关工作回报周期长，短时间内无法获取高额报酬，无法满足当下快节奏生活所需。二是社会对传承人的认可度不高，根据马斯洛需求理论，人们有被尊重与自我价值实现的需求，传承人得不到社会的认可，很容易产生懈怠心理。

景德镇市人力资源和社会保障局劳动力市场工资数据显示，2020年从事专业技术人员工资水平每年最高在11万元左右，而拥有高级职称人员每年最高29万元左右，中级职称每年最高14万元左右，初级职称每年最高12万元左右。而其他生产制造人员每年最高只在5.8万元左右，采矿人员每年最高6.2万元左右。从这些数据可以看出，景德镇手工制瓷技艺相关工作人员工资水平存在很大差异。

据手工陶瓷从业人员黄先生、况先生及方先生介绍，目前景德镇手工制瓷技艺学徒一般3年内是没有工资的，有些大一点的工厂会给学徒2000元左右的工资，如果是外地人在景德镇学徒，那前几年生活会很困难，只能解决基本的生存问题，到学徒期结束后工作，根据所学工种、熟练度、知名度等，可得到的报酬在每月5000~60000元不等，其中陶瓷绘画类和陶瓷书法类报酬会相对高些。这几年手工陶瓷销量不佳，很多企业都不太愿意招新的学徒；而且，目前很多老艺人也不愿意带徒弟。一方面，徒弟出师后，容易被人高薪挖走，往往不愿意在师傅手底下干活，与师傅形成竞争关系，所谓"带出徒弟，饿死师傅"就是对这种情况的最好解释；另一方面，由于现在的年轻人心不定，容易开始，却不能坚持，往往学一段时间就走掉，师傅担心白白浪费了心血，因此也不愿意带徒弟。

社会对传承人的认可度不高，也是造成传承人后继乏人的原因之一。社会一般对代表性传承人认可度比较高，而对一般性传承人认可度比较低，评上大师后含金量会提高。但是目前国家级、省级、市级手工制瓷技艺相关大师评选条件苛刻，有的传承人可能终其一生都无法评选上。景德镇市政府及社会组织主要针对国家级、省级、市级的代表性传承人、陶瓷美术家、工艺美术大师、陶瓷艺术大师、陶瓷设计艺术大师、技能大师等给予资金补助，授予相应的荣誉称号、颁发相应证书，而针对一般性传承人，政府和社会组织还没有制定明确的法律法规、规章制度进行合法化保护。

（五）消费者

消费者是服务或者产品的最终受用者，产品与服务质量的高低影响消费者的消费行为；除此之外，消费者的购买能力、购买需求、价值取向、社会文化因素等都会影响消费者的购买行为。在景德镇手工制瓷技艺传承保护中，消费者购买手工陶瓷产品或者服务的行为，有利于手工制瓷技艺的传承保护。表4-6是消费者对景德镇市政府、社会组织关于维护消费者权益满意度调查（调查问卷见附录5）。该表显示，消费者对景德镇市政府和社会组织关于维护消费者权益工作持不确定态度和有些不满意态度的比较多；据消费者反映，他们大多数购买了景德镇仿古瓷、现代风格的手工艺术瓷、手工瓷餐具等，发现问题后向有关部门反映，基本上都得不到有效解决，除非是大师瓷、品牌瓷，相关政府及组织才会认真解决。

表4-6　消费者对景德镇市政府、社会组织关于维护消费者权益满意度调查

满意度	消费者（N=243）	
	频数	百分比（%）
非常满意	7	2.88
满意	5	2.06
有些满意	36	14.81
无法确定	89	36.63

续表

满意度	消费者（N＝243）	
	频数	百分比（%）
有些不满意	91	37.45
不满意	13	5.35
非常不满意	2	0.82

而对陶瓷企业（工作室）产品和服务满意度调查中，有23.05%的消费者表示非常满意，他们表示企业（工作室）很多产品是非常不错的，很有收藏价值；而有18.52%和18.93%的人对景德镇陶瓷企业（工作室）产品及服务不是很满意，甚至还有4.12%的人非常不满意。究其原因，主要有以下几点：一是产品质量有问题，以次充好，售后服务不尽如人意；二是产品是贴花装饰，而非手工绘画或写字，但企业（工作室）欺骗消费者说是手绘作品；三是手工陶瓷品大多定位为艺术品，定价太高，款式单一，缺乏创新，消费者不愿购买。消费者对景德镇陶瓷企业（工作室）提供的产品和服务满意度调查结果如表4-7所示。

表4-7 消费者对景德镇陶瓷企业（工作室）提供的产品和服务满意度调查

满意度	消费者（N＝243）	
	频数	百分比（%）
非常满意	56	23.05
满意	34	13.99
有些满意	50	20.58
无法确定	2	0.82
有些不满意	45	18.52
不满意	46	18.93
非常不满意	10	4.12

第三节 景德镇手工制瓷技艺传承保护状况的 WSR 建议

　　根据本章第一节、第二节对景德镇手工制瓷技艺传承保护"物理、事理、人理"三个维度要素进行的系统性分析，从中发现景德镇手工制瓷技艺传承保护过程中存在的问题，结合"知物理、明事理、懂人理"的思维方式，从"物理、事理、人理"三个维度为景德镇手工制瓷技艺传承保护提供优化建议，以促进景德镇手工制瓷技艺传承保护达到最佳效果。

一、景德镇手工制瓷技艺传承保护的物理维度（W）优化建议

（一）坚持手工制瓷技艺的真实性，增强产品核心竞争力

　　党的十九届五中全会中强调"十四五"时期经济社会发展要以推动高质量发展为主题，以深化供给侧结构性改革为主线，以改革创新为根本动力，以满足人民日益增长的美好生活需要为根本目的。景德镇手工陶瓷生产者必须坚持手工制瓷技艺的真实性，坚持手工制作方式，改进手工技艺，让手工产品更加接近自然，更加人性化，也更富有人情味；而在这个快节奏生活的时代，这恰恰是手工产品相比机械化产品最核心的优势。

（二）加强手工制瓷技艺实用性传承保护，避免技艺传承保护形式化、表演化

　　曾经景德镇工匠们利用传统的手工制瓷技艺，创造了一批又一批为人们所喜爱的精美瓷器，为人们所追捧；而今想要手工制瓷技艺创造的产品继续为人们所喜爱，就必须加强手工制瓷技艺实用性传承保护，让手工制瓷技艺

回归生活，避免技艺传承保护形式化。这就需要深入了解手工制瓷技艺与各时代人们生活方式的联系，充分了解传统手工制瓷技艺对实现现代人们美好生活的重要价值，将手工陶瓷产品纳入现代人生活中来。结合现代人们生活需求，将传统手工制瓷技艺与现代生活方式联系起来，设计出蕴含丰富内在精神、兼顾使用价值的现代手工陶瓷产品，让手工陶瓷产品回归生活，重寻现代生活价值，与时代接轨，着力提升人们的精神文化生活，让传统手工技艺与现代文明碰撞出火花；吸引更多的消费者购买手工陶瓷产品，逐步提高传统手工制瓷产品的市场占有率，增强手工陶瓷的生产信心，促进手工陶瓷技艺的传承保护。

二、景德镇手工制瓷技艺传承保护的事理维度（S）优化建议

（一）健全管理组织结构，确保高效运行

我国政府管理中的决策体制需要在适度分权的理念下进行改革，建立完善的决策责任体制。在坚持党的领导的前提下，以分而不散为特征，以决策科学化和民主化为目标。建立、健全政府科学决策、民主决策、依法决策的程序与机制，充分发挥专家学者的指导、咨询与参谋的作用，使决策更加具有说服力，更容易调动各部门、各组织参与手工制瓷技艺传承保护的积极性。同时，明确划分各部门、各组织职责，做到权责明确，分工合作，确保制瓷技艺传承保护管理组织结构的高效运转。

（二）完善调查记录体制，建立景德镇手工制瓷技艺档案及相关数据库

景德镇文化主管部门和其他有关部门应该加大对景德镇手工制瓷技艺的调查力度，重视对其整体性、系统性调查，而非只针对关键工序的调查记录。同时加强对景德镇传统手工制瓷资料库的建设，整合景德镇手工制瓷相关资源、资料，加强景德镇手工制瓷技艺档案数字化的建设，完善手工制瓷技艺相关档案制度。运用现代科技手段，努力提高专业记录水平，同时向社会广

泛征集景德镇手工制瓷技艺相关资料，对代表性项目和代表性传承人进行全面系统记录，不定期更新。对景德镇手工制瓷技艺相关资料依法向社会公开，加强其档案和记录成果的社会利用。

（三）完善地方性相关政策法规，建立技艺传承保护执法检查机制

景德镇市政府应该根据《中华人民共和国非物质文化遗产法》《关于进一步加强非物质文化遗产保护工作的意见》《文化部关于加强非物质文化遗产生产性保护的指导意见》等法律法规，贯彻实施"保护为主、抢救第一、合理利用、传承发展"的方针，努力完善地方性手工制瓷技艺相关法规和规章，进一步加强手工制瓷技艺一般性项目、一般性传承人、陶瓷知识产权保护及手工制瓷技艺生产性开发利用等方面的法律法规制定工作，建立健全景德镇手工制瓷技艺传承保护法律法规制度，并加强对相关法律法规实施情况的监督检查，建立景德镇手工制瓷技艺传承保护执法检查机制。

（四）拓宽资金来源渠道，提高自身造血能力

资金投入问题是影响景德镇手工制瓷技艺传承保护的重要因素。在现有基础上，拓宽资金来源渠道，加大资金投入，做好景德镇手工制瓷技艺传承保护的物质保障。一方面，景德镇市政府采取定向资助、贷款贴息等政策措施，支持手工制瓷技艺传承保护相关基础设施建设，积极引导社会资本参与景德镇手工制瓷技艺传承保护。采取"项目+传承人+基地+旅游""传承人+协会""公司+基地+传承人+工作室+旅游"等模式开展生产性保护，促进其良性发展，实现资金来源多元化。同时，给予手工制瓷技艺传承保护，相关企业按小规模纳税人享受税收优惠政策，积极鼓励和引导金融机构对景德镇手工制瓷技艺传承保护的金融服务。另一方面，景德镇手工制瓷技艺传承保护基地要坚持创新驱动，引入品牌战略管理，围绕景德镇手工陶瓷特色，着眼于人们对日益增长的美好生活的需要进行品牌打造，不断提升基地自身造血的能力，为手工制瓷技艺的传承保护打下坚实的物质基础。

（五）健全代表性传承人与代表性项目申请认定立档制度

目前，我国非遗传承人及项目的筛选、申报、审核、评审的机制，处于逐步建立阶段，应该健全以传承为中心审慎开展申请推荐认定的工作。对于集体传承、大众实践的项目，加强代表性传承团体（群体）认定方式的建设。加快推进代表性传承人与代表性项目认定工作标准化、规范化、程序化管理，促进其健康有序发展。加强景德镇手工制瓷技艺代表性项目与代表性传承人的申报与认定，促进代表性项目与代表性传承人之间的协调。

（六）优化景德镇手工制瓷技艺传承保护模式，避免同质化

中国是一个陶瓷大国，每个地方的陶瓷制作自有体系，各具特色，景德镇手工制瓷技艺传承保护应该立足于自身，找自己的"根"和"魂"，进行准确定位，学习借鉴其他地方"非遗"传承保护优秀经验，结合景德镇手工制瓷技艺特色，优化传承保护模式，实现景德镇手工制瓷技艺传承保护最优化。

（七）不断丰富景德镇手工制瓷技艺传播手段与内容，强化价值引导

传播是保证景德镇手工制瓷技艺代代相传的重要机制。在古代人们主要靠口口相传的方式将精湛的手工制瓷技艺流传下来。现在社会，科技水平发达，人们可以利用多种传播手段，比如利用各种新闻报道、专题节目与教育节目、书籍、展览会、讲座、学术交流、纪录片、录音等方式，甚至可以将手工制瓷技艺相关内容制成的宣传单，在飞机、地铁、火车、汽车、公交、出租车等大众交通上面宣传，加强对景德镇手工制瓷技艺整体性、系统性、真实性传播，深度挖掘手工制瓷技艺文化内涵，和现代精神相联系，对手工制瓷技艺内容、文化内涵、传承方式、传承保护条件、传承人等方面广泛宣传，防止传播碎片化。

站在建设文化强国的国家战略高度，整合文化、旅游、广播影视、出版、

外交等各种资源，谋划景德镇手工陶瓷推广国家战略规划。系统地拍摄、推介景德镇手工制瓷技艺宣传片、纪录片、图书、影视剧作品等。在海内外举办景德镇手工制瓷技艺传承保护相关的推介活动，开发具有景德镇特色的手工陶瓷产品，提高景德镇在国际上的影响力和文化竞争力。利用好景德镇国际陶瓷博览会等商贸活动和各类陶瓷技艺赛事活动，大力推广景德镇手工陶瓷，通过国内外大范围宣传引导，一方面，能够唤起国内各界传承保护景德镇手工制瓷技艺的意识，另一方面，能够大大提高景德镇手工陶瓷的世界影响力。

三、景德镇手工制瓷技艺传承保护的人理维度（R）优化建议

（一）转变管理观念，增强服务意识

实现政府主导与社会公众广泛参与相结合。多元主体共同参与手工制瓷技艺传承保护，是对其进行系统性保护的重要保障。手工制瓷技艺传承保护工作是一项复杂的系统工程，政府及相关组织必须转变当前落后的管理观念，将其作为一个复杂社会问题，统筹各方力量，协同处理。同时加快政府及相关组织职能转变，增强服务意识，为企业、传承者、消费者等传承保护主体提供高水平服务，为手工制瓷技艺传承保护做出贡献。

（二）科学、理性地对手工制瓷技艺传承保护与开发利用

手工制瓷技艺传承保护与开发利用需要有正确的方法进行指导。在对手工制瓷技艺进行开发利用的过程中，要科学、理性地对待。坚定手工制瓷技艺传承保护的初衷，始终坚持保护优先、开发服从保护原则，坚持把社会效益放在首位，手工制瓷技艺生产性保护只是一种保护方式，其出发点和落脚点都是手工制瓷技艺的传承保护。要做到在传承保护中开发利用，在开发利用中传承保护，制定合理的保护开发条例。积极引导传承人及相关企业坚持用天然原材料生产，保持传统工艺流程的整体性和核心技艺的

真实性，促进手工制瓷技艺的有序传承，对忽视技艺传承保护或者过度开发、盲目开发、破坏传统工艺流程的行为，及时纠正偏差，落实整改措施，加强管理和规范。

（三）加强手工制瓷技艺人才建设，建立健全手工制瓷技艺传承人培养机制

景德镇手工制瓷技艺传承保护的关键在于人才与人气。[69]加强手工制瓷技艺人才建设，建立健全手工制瓷技艺传承人培养机制。一方面，政府要加大对手工制瓷技艺人才的帮扶力度，在手工制瓷技艺传授、生活补贴、知识产权保护等方面给予传承人资金扶持，提高传承人手工制瓷技艺传承保护的信心和积极性；同时，还要关心手工制瓷技艺传承者的生活与工作，给予他们温暖与关怀。另一方面，政府可以协助社会组织，组织手工制瓷技艺专业技术资格考试，成绩在 60 分以上者可以颁发结业合格证书，80 分以上者颁发优秀学员证书，并为优秀学员安排相关工作。

景德镇手工制瓷技艺人才队伍建设可以考虑以下路径：一是政府牵头，引导社会力量参与手工制瓷技艺教育培训以及基地建设，广泛开展社会实践和研学活动，面向社会广泛传授景德镇手工制瓷技艺；二是整合政府、公司、学校、研究院等力量，利用产学研深度融合的方式培养技艺人才，这种方式更有利于理论知识与实践相结合，更容易培养出高水平、高素质应用型人才；三是依托政府、社会组织、高校、企业，组织手工制瓷技艺传承人参加研修、研习、培训等活动，以提高传承人文化自信与社会责任感，提高传承人传承能力，增强传承后劲。

（四）建立健全有效的沟通机制，促进手工制瓷技艺协同保护

手工制瓷技艺协同保护的关键在于各主体间有效的沟通。要增强纵向维度与横向维度上的沟通协调。纵向维度上，要坚持"重心下移"和"减负增能"的原则，构建市、县、镇、村各级间的联动机制。充分整合现有的各类管理资源与管理力量，畅通执行链条，确保手工制瓷技艺传承保护中问题的及时发现、反馈以及有效解决。横向维度上，构建跨组织、跨部门、跨层级制瓷技艺主体间的合作平台，促成政府部门、社会组织、企业（工作室）、传承者、消费者等多元主体的有效沟通，相互配合，共同促进手工制瓷技艺传承保护。

第三篇　景德镇陶瓷产业优化升级

党的十九大以来，推进传统产业优化升级，成为构建我国经济高质量发展格局的重要内容。"瓷业兴，则城市兴"，景德镇千年窑火催生了灿烂辉煌的陶瓷文化，景德镇陶瓷产业更支撑了景德镇城市千年发展，创造了人类社会经济史上的奇迹，成为中国传统产业的杰出代表。景德镇要以创建景德镇国家陶瓷文化传承创新试验区为契机，充分利用当下科技、信息与文化对经济的驱动作用，推进陶瓷产业优化升级与可持续发展。

第五章　景德镇陶瓷产业现状及其优化升级必要性分析

党的二十大报告明确提出，"推动制造业高端化、智能化、绿色化发展""加快建设制造强国"。作为中国传统制造业的典型代表，加快推进景德镇陶瓷产业优化升级，是景德镇对国家发展方略的贯彻落实，也是景德镇建设现代化经济体系、构建新发展格局的必然要求。本章分析总结景德镇陶瓷产业现状与态势，探索与分析其产业优化升级内容与必要性。

第一节　景德镇陶瓷产业概述

一、产业

从产业（industry）的发展历史来看，产业是社会分工和生产力不断发展的产物。产业是社会分工的产物，它随着社会分工的产生而产生，并随着社会分工的发展而发展[25]。在远古时代，人类共同劳动，共同生活。从产业发展历史角度来看，产业的全面含义包括以下六个方面：①产业是社会分工的产物；②产业是社会生产力不断发展的必然结果；③产业是具有某种同类属性的企业经济活动的集合；④产业是介于宏观经济与微观经济之间的中观经济；⑤产业的含义具有多层性；⑥随着社会生产力水平不断提高，产业的内涵不断充实，外延不断扩展。

另外，产业一词，在不同的场合和不同的语言环境下存在不同的解释。在历史学和政治经济学的理论中，它主要指"工业"，例如，我们在通常意义上使用的"产业革命""产业工人"等；从法学的角度，它主要指"不动产"，如我们经常所说的"私有产业""私人产业"等，一般指个人所拥有的土地、房产、工厂等具有明确私人产权界定的财产。在传统社会主义经济学理论中，产业主要指经济社会的物质生产部门，一般而言，每个部门都有专门生产和制造某种独立产品的机制，这样，某种意义上每个部门也就成为一个相对独立的产业部门，如"农业""工业""交通运输业"等。由此可见，"产业"作为经济学概念，其内涵与外延有其复杂性。产业经济学是以产业作为自己的专门的研究对象，因此，在产业经济学意义上，产业应具有自己特定的内涵与外延。从产业经济学的角度，产业有广义和狭义之分。从广义上看，产业指国民经济的各行各业。从生产到流通、服务以至于文化、教育，大到部门，小到行业都可以称之为产业。从狭义上看，由于工业在产业发展中占有特殊位置，经济发展和工业化过程密切相关，产业有时指工业部门。

总而言之，现代经济社会中，存在着大大小小的、居于不同层次的经济单位，企业和家庭是最基本的，也是最小的经济单位；整个国民经济又称为最大的经济单位：产业就是介于二者之间的经济单位，是大小不同、数目繁多的，因具有某种同一属性而组合到一起的企业集合，又可被看成是国民经济按某一标准划分的部分。因此，产业是一个中观经济范畴，是指介于微观经济细胞层次（企业和家庭消费者）与宏观经济层次（国民经济）之间的若干具有某种同一属性而组合到一起的企业的集合。

二、陶瓷产业

陶瓷产业是指生产经营各类陶瓷产品的企业所组成的集合。其中，陶瓷产品可以是上文各种陶瓷类别的产品；生产经营包括研发设计、原材料供应、生产、销售等陶瓷产业链各环节。为便于深入理解陶瓷产业的构成，以下对陶瓷产业链进行分析。

陶瓷产业链，是在陶瓷产业内，基于陶瓷产品的生产工艺流程、陶瓷生产经营活动的技术经济关联，依据陶瓷生产经营的设计、研究、开发、试制、原材料与设备采购、产品生产、仓储、物流、营销、服务逻辑关系和时空布局客观关系形成的链条式关联关系形态如图5-1所示。陶瓷产业链又可分为狭义陶瓷产业链和广义陶瓷产业链。狭义陶瓷产业链是指从原材料一直到终端陶瓷产品制造的各生产部门的完整链条，主要面向陶瓷生产制造环节；广义陶瓷产业链则是在面向陶瓷生产的狭义产业链基础上尽可能地向上下游拓展延伸。陶瓷产业链向上游延伸一般使得陶瓷产业链进入到基础产业环节和技术研发环节，向下游拓展则进入到市场拓展环节。

与陶瓷产业链分为狭义陶瓷产业链和广义陶瓷产业链相对应，陶瓷产业亦可分为狭义陶瓷产业和广义陶瓷产业，狭义陶瓷产业仅指陶瓷生产制造环节的陶瓷生产制造企业集合；广义的陶瓷产业则不仅包括陶瓷生产制造环节的陶瓷产品生产制造企业，还包括陶瓷产业链上下游拓展延伸环节的陶瓷研发设计企业、陶瓷原（辅）料供应企业、陶瓷模（工）具供应企业、陶瓷机械供应企业、陶瓷物流企业、陶瓷销售企业等。

三、景德镇陶瓷产业基本情况

（一）产业组织

陶瓷是景德镇的立市之本，陶瓷产业一直是支撑景德镇城市发展的主导产业。作为千年瓷都，景德镇陶瓷产业链发展完善，陶瓷企业和从业者众多。据不完全统计，景德镇市现有各类陶瓷企业、作坊、工作室等陶瓷产业生产

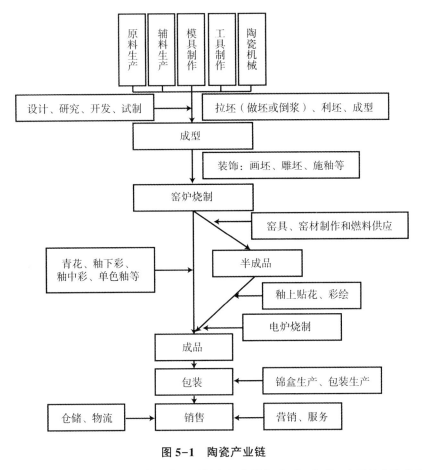

图 5-1　陶瓷产业链

资料来源：左和平等．中国陶瓷产业国际竞争力研究［M］．北京：中国社会科学出版社，2012。

经营主体 7000 余家，陶瓷从业人员约 15 万人，占景德镇城区人口的 27.78%[①]。一方面，景德镇的陶瓷生产经营以家庭小作坊、工作室、私人小企业为主，营业类型大多为陶瓷文化创意企业，也有少数陶瓷包装、装饰、原材料、辅料等各种配套企业，遍布这个城市的各个街道、各个角落，呈现遍地开花的空间布局；另一方面，在景德镇市的陶瓷工业园区、高新技术产

————————
① 资料来源：笔者根据调研数据整理。

业开发区、陶溪川文创街区、陶艺街、三宝国际瓷谷、雕塑瓷厂、珠山东市等区域又形成了各具特色的陶瓷企业集聚区。

（二）产业规模

"十三五"以来，景德镇陶瓷产业尤其是自 2019 年 7 月国务院正式批复景德镇国家陶瓷文化传承创新试验区以来，景德镇市按照"一年见成效、三年上台阶、五年树标杆"的目标要求，围绕"两地一中心"战略定位，奋力推进景德镇国家陶瓷文化传承创新试验区建设。景德镇陶瓷产业获得了全方位的政策、资源、要素支持，进入了发展的快车道与黄金时期。2022 年，景德镇规模以上陶瓷企业数增加到 203 家，与 2016 年相比增长 144.58%，与 2019 年相比增长 81.25%；全市陶瓷工业产值达 665 亿元，与 2016 年相比增长 81.35%，与 2019 年相比增长 57.21%[①]。无论是从规模以上陶瓷企业数来看，还是从陶瓷工业产值来看，景德镇陶瓷产业规模都呈明显扩张态势。"十三五"以来景德镇陶瓷产业规模情况如图 5-2 所示。

图 5-2　"十三五"以来景德镇陶瓷产业规模情况[②]

---

①②　资料来源：笔者根据调研数据整理。

（三）产业结构

长期以来，景德镇基本只生产日用陶瓷与工艺美术陈设陶瓷。但随着经济社会的变迁与陶瓷产业本身的发展，近年来景德镇也引进生产建筑卫生陶瓷、先进陶瓷与工业陶瓷，形成了以工艺美术陈设陶瓷和日用陶瓷为主，建筑卫生陶瓷、先进陶瓷与工业陶瓷共同发展的"大陶瓷"产业发展格局，2021 年，景德镇市各陶瓷产业类别所占比重从高到低，分别是工艺美术陈设陶瓷 35.89%、日用陶瓷 32.07%、建筑卫生陶瓷 14.43%、先进陶瓷 9.54% 与工业陶瓷 8.08%。而从 2018~2021 年动态变化来看，工艺美术陈设陶瓷和先进陶瓷所占比重在持续下降，其中，排位第一的工艺美术陈设陶瓷从 2018 年的 41.60% 下降到 2021 年的 35.89%，下降幅度达 13.73%，先进陶瓷则从 2018 年的 10.83% 下降到 2021 年的 9.54%，下降幅度达 11.91%；日用陶瓷 与工业陶瓷所占比重在持续上升，其中日用陶瓷从 2018 年的 25.97% 上升到 2021 年的 32.07%，上升幅度达 23.49%，工业陶瓷则从 2018 年的 7.25% 上升到 2021 年的 8.08%，上升幅度达 11.45%；建筑卫生陶瓷所占比重则基本不变，2018 ~ 2021 年所占比重分别为 14.35%、14.23%、14.33%、14.43%[①]。上述数据如图 5-3 所示。

第二节　景德镇陶瓷产业发展态势

一、产业发展优势

景德镇陶瓷产业在产业链、陶瓷文化遗存与文化旅游资源、人才、政策

---

① 资料来源：笔者根据调研数据整理。

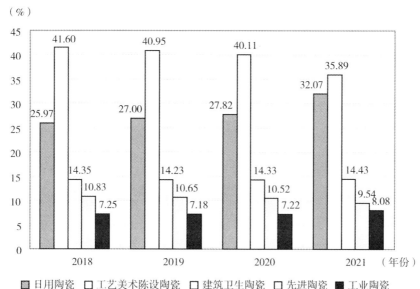

（%）

图 5-3 景德镇陶瓷产业类别所占比重①

支持、区域品牌、陶瓷文化历史等方面优势明显，下文逐一进行分析。

（一）陶瓷产业链非常完备

千百年来，陶瓷工业作为景德镇的立市之本，支撑了景德镇一千多年的发展，形成了完备的陶瓷产业链、价值链、创新链，也成就了今天景德镇的最大优势、最大资源。景德镇拥有从陶瓷原料矿山开采到产品设计、材料研发、生产、营销、展示，以及花纸、包装、物流、电商、陶机、窑炉等较为完整的陶瓷产业链，任何一个陶瓷产业链工序环节都能在景德镇完成。景德镇拥有包括国家日用及建筑陶瓷工程技术研究中心、中国轻工业陶瓷研究所、江西省陶瓷研究所、景德镇市陶瓷研究所在内的 200 余家陶瓷相关设计研发机构，拥有集建筑卫生陶瓷、日用陶瓷、工艺美术陈设陶瓷、先进陶瓷与工业陶瓷等各类别陶瓷于一体的陶瓷生产体系，拥有 7000 余家各类陶瓷企业、

① 资料来源：笔者根据调研数据整理。

作坊、工作室等陶瓷产业生产经营主体和各类配套企业，拥有以中国景德镇国际陶瓷博览会、2722 家陶瓷艺术家工作室、8 家非物质文化遗产生产性保护基地、15 家陶瓷文化博物馆等为主体的陶瓷文化交流展示平台①。

（二）陶瓷文化遗存与文化旅游资源优势突出

景德镇拥有丰富的陶瓷文化旅游景区与文化遗存资源优势，拥有我国唯一一个以陶瓷文化为主题的国家 5A 级景区——古窑民俗博览区，还拥有包括御窑厂、南市街古窑遗址、兰田古瓷窑遗址、湖田古窑遗址等 150 多处老窑址和遍布全城的"三洲四码头，四山八坞，九条半街，十八条巷，一百零八条弄""十大瓷厂"等丰富的陶瓷文化遗存资源，这对于促进陶瓷与旅游融合，发挥文化赋能效应，创造出更具感染力、影响力的陶瓷文化新业态具有重要作用。景德镇陶瓷文化遗存代表性名录如表 5-1 所示。

表 5-1 景德镇陶瓷文化遗存代表性名录

类别	代表性名录
窑址	湖田古窑、湘湖古窑、南市街古窑、黄泥头古窑、观音阁古窑、瑶里古窑、凉伞下古窑、金家窑、老鸡头窑、龙赣窑、傅家窑、新冯家窑、如意窑、曹家窑、鼎祥窑、新启发窑、老启发窑、用正窑、榜眼坦窑、青山窑、隆忠窑、袁家窑、通明窑等
工业遗产	人民瓷厂、红旗瓷厂、建国瓷厂、新华瓷厂、东风瓷厂、景兴瓷厂、红星瓷厂、为民瓷厂、景德镇瓷厂等
会馆	都昌会馆、湖北书院、石埭会馆、饶州会馆、南昌会馆、吉安会馆、福建会馆、广南会馆、苏湖会馆、建昌会馆、山西会馆、婺源会馆、抚州会馆、丰城会馆、宁波会馆、湖口会馆、宁国会馆、蓉城公所、湖南会馆等
街市和里弄	龙缸弄、窑弄、老厂、窑弄里、窑前山、陶瓷弄、瓷器街、詹家上弄、彭家上弄、侯家弄、程家上弄、吴家祠堂、刘家弄、戴家弄、金家弄、黄家弄、太白园、汉阳弄、抚州弄、建昌弄等

---

① 资料来源：笔者根据调研数据整理。

类别	代表性名录
码头和桥梁	许家码头、曹家码头、湖南码头、刘家码头、中渡口、东埠码头、城门码头、十八渡、十八桥、水垅桥、仙人桥、双板桥、青龙桥、通津桥、储田桥、罗家桥、韦陀桥、天宝桥、同济桥、广恩桥、永济桥、同济桥、安碑桥、水济桥、奇秀桥、义济桥等
商行、店铺	商行和店铺瓷行、洲店、柴行、木炭行、颜料店、细金店、白土行、船行等

资料来源：胡林荣，黄弘，李松杰，等．景德镇建设内陆开放型文化重镇的路径研究 ［J］．陶瓷学报，2021，42（1）：160.

（三）陶瓷人才优势突出

作为千年瓷都，景德镇还拥有突出的陶瓷文化人才优势，主要体现在以下四个方面：

一是陶瓷文化艺术精英队伍强大。景德镇现有中国工艺美术大师 37 人、中国陶瓷艺术大师 43 人、中国陶瓷设计艺术大师 35 人、江西省工艺美术大师 120 人、江西省陶瓷艺术大师 60 人、景德镇市工艺美术大师 26 人、非物质文化遗产代表性传承人 874 人，以及高级职称的陶瓷人才约 2000 人。

二是"景漂""景归"人才队伍聚集。景德镇悠久的陶瓷文化历史、浓厚的陶瓷文化氛围和开放包容的城市文化基因，吸引了来自全国、全球各地的艺术家、设计师、创业者及陶瓷爱好者在此寻梦创业，形成了独特的"景漂""景归"文化现象。据统计，景德镇现有"景漂""景归"人才约 30000 人，其中，来自海外的"洋景漂"超过 5000 人[①]。

景德镇陶瓷文化核心人才情况如表 5-2 所示。

---

① 资料来源：景德镇市统计局。

表 5-2　景德镇陶瓷文化核心人才情况①

	人才称号	数量（人）
国家级大师	中国工艺美术大师	37
	中国陶瓷艺术大师	43
	中国陶瓷设计艺术大师	35
省大师	江西省工艺美术大师	120
	江西省陶瓷艺术大师	60
市大师	景德镇市工艺美术大师	26
其他	中国技能大奖	1
	全国劳动技术能手	7
	全国陶瓷行业技术能手	26
	江西省技术能手	57
	赣鄱"555"高技能人才领军人物	14
	非遗传承人	874
	高级以上职称的陶瓷人才	约 2000
	"景漂""景归"	约 30000

　　三是陶瓷从业人员队伍结构合理。与 20 世纪 80~90 年代景德镇陶瓷从业人员以国营瓷厂下岗职工和来自周边市县的农民工为主相比，由于社会观念转变与政府推动等因素，如今越来越多的艺术家、高等院校毕业生、陶瓷爱好者加入景德镇陶瓷从业人员队伍，形成一支由陶瓷文化艺术精英、企业家、创业者、普通员工组成的结构合理的陶瓷人才结构队伍。

　　四是陶瓷专业人才教育培养体系完善。景德镇拥有全国唯一一所以陶瓷命名的多科性特色本科院校——景德镇陶瓷大学，现已发展成为全国乃至世界陶瓷人才培养的重要基地；此外景德镇学院、江西省陶瓷工艺美术职业技术学院、景德镇艺术职工大学等院校也设置了陶瓷相关专业，在源源不断地为景德镇陶瓷产业发展培养输送专业人才。

---

　　①　资料来源：景德镇市统计局。

（四）政策支持优势

景德镇陶瓷文化是国家优秀传统文化的杰出代表，国家高度重视景德镇陶瓷文化传承创新发展，国家对于景德镇陶瓷产业与城市发展给予了诸多的政策支持，包括：2018 年 10 月，国务院批复同意设立景德镇国家陶瓷文化传承创新试验区，这是国务院批复设立的全国首个文化旅游类试验区；2020 年 6 月，国家文化和旅游部正式批复同意设立景德镇陶瓷文化生态保护实验区，这是以景德镇陶瓷文化生态的整体性保护为基本目的而建立的专门性的文化生态保护区；2021 年 8 月，商务部、中央宣传部会同文化和旅游部、国家广电总局批复成立景德镇市国家文化出口基地，景德镇成为全国 29 个国家文化出口基地之一；另外，景德镇还入选国家生态文明建设示范市、全国版权示范城市、国家产教融合型试点城市、城市更新试点、全国老厂区老厂房更新改造利用试点城市、全国首批城市体检评估试点城市、国家文化和旅游消费试点城市、全国"两业融合"发展试点、国家级文化产业示范园区、国家全域旅游示范区、国家大众创业万众创新示范基地、国家级外贸转型升级基地、国家级"两山"实践创新基地等。这些政策支持，形成了当前景德镇陶瓷产业发展的又一个突出优势。

（五）区域品牌优势明显

所谓"区域品牌"，是指将某一产品或某种产业与一个固定区域联系在一起，形成具有该区域鲜明特征的产品或产业品牌。因此，区域品牌是特定的产品或产业在特定的区域经济社会条件下形成的，与该区域所特有的资源、区位、经济、文化、风俗习惯等密切相关，是区域所特有的生产要素在一定的产业经济发展中的综合体现，与单个企业品牌相比，区域品牌具有更广泛、更持续的品牌效应。景德镇因瓷而立，因瓷而名，长期以来，在世人心中，景德镇就是瓷器，瓷器就是景德镇，千年制瓷历史给景德镇留下了许多陶瓷历史文化古迹、精湛的制瓷技术、宝贵的陶瓷艺术和独特的人文风情，让景德镇成为我国陶瓷的一个著名传统区域品牌，其流传范围广阔，曾在国内外得到了一致的认可[26]，景德镇瓷器成为中华民族走向世界的活名片。显然，对于景德镇陶瓷产业发展而言，景德镇这个区域品牌，是历史的积累，是文化的沉淀，是其他产瓷区不可复制的优势，它是景德镇陶瓷产业最具价值的无形资产和至关重要的战略资源，成为景德镇陶瓷产业发展的核心竞争力。

（六）陶瓷文化历史悠久、底蕴深厚

景德镇千年制瓷历史成就了景德镇深厚的陶瓷文化底蕴，它是一种与陶瓷生产相关的物质、精神、行为与制度等诸多要素，融合时代特征、工艺流程、风俗时尚、美学思想与创新精神，经历千年历史沉淀的手工业文化。在景德镇，陶瓷元素随处可见，陶瓷文化已经深入每一个景德镇人的日常生活和精神体系的每一个角落，并对当代景德镇陶瓷生产、销售与管理的各个环节产生直接的影响。千年的制瓷历史所传承下来的不仅是无数优秀的陶瓷作品，更多的是景德镇人对陶瓷的由衷热爱和对陶瓷艺术的执着追求。这种对陶瓷的信念深深地植根于景德镇人的心中，使得从古到今涌现出许许多多的如"珠山八友"等陶瓷名家和优秀陶瓷艺人。历史悠久、底蕴深厚的景德镇陶瓷文化塑造了景德镇人艺术创作的精神，成为推动景德镇陶瓷产业发展的根本动力。

二、产业发展劣势

景德镇陶瓷产业结构不优、市场竞争不力、品牌意识不强、经济效能不强、人才结构匹配度不高、数字赋能不足等劣势，对景德镇陶瓷产业的发展也形成了一定的制约。

（一）产业结构不优

景德镇陶瓷产业结构不优主要体现在三个方面：一是产业主体结构不优，体现为企业规模普遍偏小，龙头骨干企业带动效应不足。虽然景德镇有各类

陶瓷生产经营实体 7000 余家，但其中绝大多数为规模很小的家庭手工作坊和个体工作室，2022 年规模以上陶瓷企业 203 家，占比仅为 3% 左右，上市公司数量为零①。由于企业规模普遍较小和龙头骨干企业带动不高，导致出现专业化水平不高、企业管理落后等多种问题，并在培育形成品牌优势、市场优势和自主研发能力等方面都存在很大阻力。二是产业链分工协作程度不高。由于景德镇陶瓷实体绝大多数为家庭式陶瓷作坊和个人工作室，这些家庭式陶瓷作坊和个人工作室习惯于单打独斗，相互之间缺乏分工协作，产业链分工协作程度不高。三是产业空间结构不优。景德镇陶瓷产业布局总体分散，产业集聚效应不佳。由于产业特性和历史等多方面原因，景德镇陶瓷企业和园区总体上以分散的形式布局在景德镇各处，难以形成良好的产业集聚效应。

（二）市场竞争不力

景德镇陶瓷产业市场竞争不力，原因至少包括如下两个方面：一方面，企业自主创新不足。长期以来，景德镇陶瓷企业特别是一些中小企业的企业主缺乏自主创新的意识，大都抱着一种得过且过，只要企业微利甚至是不亏本就满足的心态。也有一些企业意识到只有通过创新才能实现发展，但认为自主创新的风险太大、投资回报率不高，因此也不敢轻易尝试创新，而只满足于传统技术、工艺、产品与商业模式。另一方面，陶瓷生产设备陈旧。在景德镇，很多陶瓷企业对陶瓷生产设备的更新改造不够及时，从而造成陶瓷生产设备的相对陈旧落后，这又会带来诸如瓷土资源利用率相对低、成本相对高、产品质量相对差等问题，从而也就在激烈的市场竞争中难以保证其活力。

（三）品牌意识不强

长期以来，景德镇陶瓷只有产地概念，而没有形成产业的名牌效应。对景德镇很多陶瓷企业而言，"景德镇"这一地域品牌是最响亮的品牌、最可

---

① 资料来源：笔者根据调研数据整理。

观的无形资产，景德镇这个地区是具有极强说服力的千年历史陶瓷发源地。但由于"景德镇"地域品牌的滥用，既伤害了这一金字招牌，又让景德镇各陶瓷企业丧失了打造自己产品品牌的动力。另外，景德镇陶瓷企业产品品牌不响也要归咎于当地严重的仿冒风气。近年来，从陶瓷外观设计、知名商标到名人名作，景德镇陶瓷遭遇仿冒的现象屡见不鲜，并严重冲击着景瓷的生存和发展。总之，景德镇陶瓷产品品牌意识不强，大部分处于品牌缺失，甚至贴牌生产的状态。虽然也有红叶、古镇、法蓝瓷、诚德轩、博大、精诚等国内知名品牌出现，但在国际上还没有真正叫得响的品牌。在当今国际陶瓷市场上，顶级品牌多出自欧美国家，例如德国的梅森（Meissen）、英国的韦奇伍德（Wedgwood）、丹麦的皇家哥本哈根（Royal Copenhagen）等，世界瓷都景德镇却没有一个享誉全球的陶瓷产品品牌。

（四）经济效能不强

一方面，体现在景德镇陶瓷产业对国民经济贡献有所降低。纵向来看，早期景德镇陶瓷业"以一业主撑一城，历千年而不衰"，近代景德镇瓷业地位和影响力下降，在国民经济中的比重降低了不少，虽然还是第一主导产业，然而当代景德镇陶瓷产业的经济效能难以和早期相比。横向来看，居于景德镇陶瓷产业主体地位的日用陶瓷和工艺美术陈设陶瓷生产无法同建陶卫浴等的经济总量相比，因此日用陶瓷和工艺美术陈设陶瓷为主的景德镇陶瓷产业也难以和以建筑陶瓷为主的佛山陶瓷产业比经济效能。另一方面，也体现在景德镇陶瓷产业对中国全球贸易的作用降低。千百年来，景德镇陶瓷与茶叶、丝绸作为中国三大主要国际贸易商品，"行于九域，施及外洋"，为中国赢得"瓷之国"的美誉，更是让景德镇成为举世闻名的世界"瓷都"。宋代以后，景德镇陶瓷更是取代丝绸成为"海上丝绸之路"对外国际贸易中最大宗出口商品，日本学者三上次男因此将海上丝绸之路称为"陶瓷之路"。然而，当代景德镇陶瓷对外贸易效能大大降低，2018～2022年陶瓷出口占全市出口比重最高7.31%，最低只有2.53%，如表5-3所示，至于景德镇陶瓷出口对全国出口的作用更是微乎其微。

表 5-3　景德镇陶瓷出口情况

单位：亿元,%

项目 \ 年份	2018	2019	2020	2021	2022
陶瓷出口额	3.18	4.62	2.45	2.09	5.16
全市出口额	66.97	63.22	65.68	82.71	170.91
占比（%）	4.75	7.31	3.73	2.53	3.02

资料来源：景德镇市统计局。

（五）人才结构匹配度不高

景德镇市虽然拥有数量众多的陶瓷文化人才，但要匹配景德镇文化产业发展，现有人才结构还存在不合理之处：一是大师级人才辈出和产业支撑力不足相矛盾。在景德镇，各类国家级大师、省级大师等陶瓷文化高端人才辈出，但他们年龄普遍偏大，且绝大多数采用的是单干的模式，对陶瓷企业经济的发展壮大作用甚微。二是人才供需结构矛盾。近年来，随着景德镇陶瓷产业的发展壮大，众多陶瓷企业明显感受到高层次创意创新型设计与创作人才、工程技术型研发人才、企业经营型营销商务人才的不足。根据笔者 2021年对景德镇 137 家陶瓷文化企业人才需求状况的调查结果（见图 5-4），有 9类人才的"很需要"的需求率在 19%以上；其中，市场营销人才、陶瓷设计与创作人才、电子商务人才、技术研发人才"很需要"的需求率更是分别高达 44.53%、36.50%、35.04% 和 31.39%。由此可见，景德镇陶瓷产业存在人才供需结构性矛盾。

（六）数字赋能不足

数字化建设是当今产业发展的基本趋势，景德镇坚持做优做强数字经济，在陶瓷产业数字赋能建设方面积极探索，获批国内首个标识解析二级节点

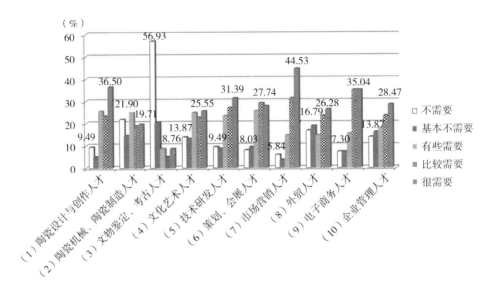

图 5-4   景德镇 137 家陶瓷文化企业的人才需求状况

(陶瓷行业)① 运营授权城市，上线运营陶瓷工业互联网平台，打造全国特色领域试点示范。但是，整体上而言，陶瓷文化的云展览、云设计、云生产、云服务等数字化发展不足仍然是景德镇陶瓷发展的突出短板。一是在陶瓷设计上，仍然依靠艺术家个人创作，提高创意效率、增强用户个性、实现技术共享的 3D 云设计等平台缺失。二是在陶瓷生产上，传统陶瓷生产以作坊式生产为主流，现代产业生态构建问题还比较突出，"产业大脑"、智能工厂建设滞后。三是在陶瓷销售上，多数陶瓷企业未深度融入"互联网+"时代，跨境电商、海外仓等国际贸易的上网上云仅处于起步阶段。

---

① 标识解析二级节点：一个行业或者区域内部的标识解析公共服务节点，能够面向行业或区域提供标识编码注册和标识解析服务，以及完成相关的标识业务管理、标识应用对接等。

第三节　景德镇陶瓷产业优化升级及其必要性

一、产业优化升级

产业优化升级就是使产品附加值提高的生产要素改进、结构改变、生产效率与产品质量提高、产业链升级。

从微观层面来看，产业升级指一个企业中产品的附加值提高。产品附加值提高的途径：企业技术升级、管理模式改进、企业结构改变、产品质量与生产效率提高、产业链升级。从中观层面来看，产业升级指一个产业中产品的平均附加值提高。产品平均附加值提高的途径：同一产业中的各个企业技术升级、管理模式改进、企业结构改变、产品质量与生产效率提高、产业链升级。产品附加值提高的动力机制：同一产业中的各个企业为了提高自己生产产品的边际效率和企业利润率而不断提高自己产品的附加值，最后使整个产业的产品的平均附加值提高。产业升级、产业平均附加值提高不仅是产业的平均利润率提高，而是最终表现为产业结构升级。产业结构升级前的附加值提高是产业升级的量变，产业结构升级是产业升级的质变。产业结构升级使产业升级到了经济增长方式转型阶段。从宏观层面来看，产业升级指产业结构升级，即一个国家经济增长方式转变，如从劳动密集型增长方式向资本密集型、知识密集型增长方式转变，资源运营增长方式向产品运营、资产运营、资本运营、知识运营增长方式转变。宏观的产业升级或产业结构升级既指旧的产业结构升级，也指新的、更高级的业态产生。无论微观、中观还是宏观层面，产品附加值提高都是产业升级的核心与灵魂，经济活动的主体性提高是产品附加值提高的根本。产品附加值提高不能和生产率提高画等号。

根据产业结构内部各要素的相互关系，生产率提高只是产品附加值提高的途径和手段之一。虽然提高企业利润率和 GDP 增长指数是产业升级、产业结构升级、产品附加值提高的动力，但产品附加值提高也不能仅和企业利润率、GDP 增长指数提高画等号。产业结构升级带来的产品附加值提高不但可以带来利润率与 GDP 增长指数提高，而且可以带来社会发展指数、人类发展指数、社会福利指数、人民幸福指数的提高。所以产业升级到产业结构升级、经济增长方式转型，增长和发展是统一的。

二、景德镇陶瓷产业优化升级的内容

景德镇陶瓷产业优化升级，至少包括以下两方面内容：

（一）对景德镇陶瓷产业进行信息化改造

信息基础工程的建设是对景德镇陶瓷产业进行信息化改造的基本前提。它为信息产业的快速发展和企业的信息化改造创造良好的社会环境，具体包括国家信息基础设施、科研基地、教育基础设施、企业技术中心、企业创新政策及知识产权法规等建设。在信息基础工程的建设基础上，对景德镇陶瓷企业进行信息化改造。这是一项大规模的系统工程：包括建立以高速数据网络为核心的陶瓷企业信息基础设施、建立大型动态数据库、建立新型的工作流生产过程、建立网上交易手段等。陶瓷企业的信息基础设施为企业的信息循环流动创造物质条件，使整个企业的运营，包括产品的设计在内，都在网络上进行。而数据库的建立可以为陶瓷企业决策者提供有效的依据，同时它也是成本中心、利润中心。建立陶瓷企业的新型工作流程，实质上是形成一种迅速、高效的管理方式。在这种管理方式下，生产的组织不再以动力、物资等为中心，而是着重管理数据流。从而企业可以提供大量个性化服务，使企业的生产经营能更好地适应社会需求，扩展企业的生存空间。网上交易可以帮助陶瓷企业打破地理、时间的限制，开拓广阔的市场。

（二）对景德镇陶瓷产业进行技术创新、产品创新、组织创新与体制创新

从技术创新、产品创新、组织创新与体制创新四个方面，共同推进景德镇陶瓷产业优化升级。在技术创新方面，要推进景德镇陶瓷生产共性技术、关键技术研发与应用，要积极探索开发新材料、新装备，不断创新景德镇陶瓷生产工艺、流程，促进景德镇陶瓷生产的信息化、智能化和生态化。在产品创新方面，要以市场需求为出发点，明确景德镇陶瓷产品技术创新的研究方向，通过技术创新活动，创造出适合市场需求的适销对路的产品，使市场需求得以满足。在组织创新方面，要积极推进景德镇陶瓷生产组织的调整与变革，从技术与产品开发入手，逐步向生产、销售系统、人力资源、组织结构发展，进而进入战略与文化的创新，使之适应环境的变化。在体制创新方面，要建立完善以市场配置资源为主的产业管理体制，充分发挥市场对资源配置的基础性作用，探索形成合理的景德镇陶瓷产业的所有制结构。

三、景德镇陶瓷产业优化升级的必要性

推进景德镇陶瓷产业优化升级，是破解景德镇传统陶瓷产业发展模式困境的必然途径，促进景德镇陶瓷产业复兴与城市发展的迫切需要，建设"景德镇国家陶瓷文化传承创新试验区"与"江西省建设内陆开放型经济试验区"的重要内容。

（一）破解景德镇传统陶瓷产业发展模式困境的必然途径

传统陶瓷行业本身属于高能耗、高污染行业，生产过程中消耗大量矿产资源和能源，产生的废气、废水、废渣、粉尘等对环境造成严重污染。长期以来，景德镇陶瓷产业传统发展模式面临资源、能源和环境问题的严峻挑战。2009 年，景德镇被国务院明确列为第二批资源枯竭城市。在经过千年的挖掘之后，景德镇传统陶瓷生产的重要原料——高岭土已经濒临枯竭，景德镇传统陶瓷行业不得不面对高岭土渐渐缺失的现实。自 2012 年党的十八大报告首

次提出中国特色社会主义"五位一体"的总布局以来，国家大力推进生态文明建设保障，保障经济社会可持续发展。在国家生态保护政策大局面前，景德镇陶瓷产业由传统发展模式向生态型转变已成必然。另外，21 世纪以来，随着佛山等地陶瓷产业转移，全国陶瓷产区"遍地开花"，如图 5-5 所示，如今传统陶瓷已经面临着严峻的产能过剩，传统陶瓷深陷附加值低和恶性竞争的泥淖，在市场经济优胜劣汰这只看不见的手的作用下，景德镇陶瓷产业优化升级已是必然。

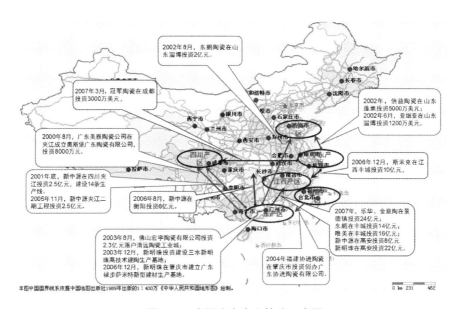

图 5-5　中国陶瓷产业转移示意图

资料来源：左和平. 中国陶瓷产业经济若干问题思考 [R]. 潮州：中国硅酸盐学会陶瓷分会产业经济专业委员会第一届学术会议，2013.

（二）促进景德镇陶瓷产业复兴与城市发展的迫切需要

作为举世闻名的"瓷都"，景德镇陶瓷产业创造了千年辉煌，在历史上也让景德镇这座城市得到了巨大发展，成为"世界上最早的一座工业城市"。清代，景德镇还仅仅是一个小镇，但其生产总值就达到了全国财政收入的

15%，可见当时景德镇陶瓷产业与城市的繁荣程度。然而，由于近代机器大工业生产的冲击、交通体系的历史变迁、其他陶瓷产区的崛起等因素，景德镇传统陶瓷产业在经济社会中的地位和影响力下降，景德镇也早已失去了"瓷业中心"的荣光。虽然，景德镇一直将陶瓷视为"立市之本"，大力推进陶瓷产业发展，也取得了一些重要成就；但奈何境遇不再，景德镇陶瓷产业远远不及昔日"瓷业中心""瓷都"辉煌。然而，历史再一次垂青景德镇，垂青景德镇陶瓷，2018 年 10 月，国务院批复同意设立景德镇国家陶瓷文化传承创新试验区，将以景德镇为代表的中华陶瓷文化复兴正式作为国家战略，这对景德镇陶瓷产业复兴与城市发展而言，是千载难逢的机遇，景德镇陶瓷产业要紧抓机遇，重返制瓷高峰，迫切需要推进陶瓷产业优化升级。

（三）建设"景德镇国家陶瓷文化传承创新试验区"与"江西省建设内陆开放型经济试验区"的重要内容

2019 年 8 月，由国家发展改革委、文化和旅游部印发的《景德镇国家陶瓷文化传承创新试验区实施方案》中，将试验区定位为"国家陶瓷文化保护传承创新基地、世界著名陶瓷文化旅游目的地、国际陶瓷文化交流合作交易中心"，并明确将"推动陶瓷文化产业创新发展"作为一项重要任务。2020年 4 月，国家发展改革委印发的《江西内陆开放型经济试验区建设总体方案》将"以陶瓷作为对外文化交流的重要名片、重要符号与重要载体，高水平建设……"作为一项主要任务。可见，推进景德镇陶瓷产业优化升级，是建设"景德镇国家陶瓷文化传承创新试验区"与"江西省建设内陆开放型经济试验区"的重要内容。

第六章 "科技+信息+文化"推进
景德镇陶瓷产业优化升级研究

随着科技、信息与文化这类非物质化生产要素先后注入经济的发展，人类社会经济发展的驱动要素早已超越了传统的土地、资本、劳动物质化等要素，经济要素的泛资本化已成为客观事实。而与物质化要素相比，科技、信息与文化非物质化生产要素呈现出一种对当代经济发展的更强作用。本章探索以"科技+信息+文化"推进景德镇陶瓷产业优化升级。

第一节 景德镇陶瓷产业优化升级模式分析

一、产业优化升级模式的理论研究

产业优化升级模式一直是产业经济学传统研究领域的热点问题。综合现有研究，产业优化升级概念模式主要可归纳为三类：

一是三次产业结构调整与演变。早在 17 世纪英国经济学家威廉·配第在其《政治算术》中研究了农业、制造业与商业间资源流动现象，费歇尔（1935）则确立了对现代产业结构理论影响深远的三次产业分类法，克拉克在三次产业分类法基础上提出了产业结构的演变规律的"配第—克拉克"定理；此后，刘易斯的二元结构转变理论、赫希曼的不平衡增长理论、罗斯托的主导部门理论和赤松要的雁性发展模型等，都成为产业结构理论的重要组成部分[27]。20 世纪 90 年代，国外关于产业结构调整的研究正逐步从探寻产业结构演化规律转向产业结构调整的影响因素上，技术进步、制度安排、资源供给、直接投资与金融等因素都成为国外学者的研究对象[28]。但以上研究仅针对某一影响因素，较少涉及不同因素之间的关联性研究，使研究结论具有一定局限性。国内对于"产业升级"的研究就是始于"产业结构调整"。改革开放初期，国内学者纷纷借鉴国外产业结构理论来分析中国的产业结构现状、特点和发展方向等。杨坚白和李学曾（1980）[29]、李江帆（1985）[30]等从农轻重结构调整解决当时的产业结构失衡。进入 21 世纪以后，由于劳动密集型产业和服务业得到较快发展，洪银兴（2001）[31]等关于产业结构调整思路更加注重产业内部结构的细化。

二是产业链升级。自美国经济学家波特在研究企业竞争活动时提出价值链概念[38]以后，国内外众多学者开始从产业链升级视角探讨产业优化升级。Gereffi（1999）认为产业升级是从全球价值链的低技术水平、低附加值位置向高新技术、高附加值位置的演变型态，并提出了生产者驱动型和购买者驱动型两种价值链升级模式[39]。Humphrey 和 Schmitz（2002）提出了在全球化商品链背景下产业链升级的四种重要方式：技术升级、产品升级、功能升级和价值链升级[40]。国内学者基于产业链升级的思路也进行了诸多研究，如张耀辉（2002）[41]用高附加值产业代替低附加值产业的过程定义产业升级，毛蕴诗（2006，2009，2014，2022）分别提出基于产品升级的自主创新路径[42]、以参与产业转移的价值链升级实现产业升级[43]、从产业链整合与延伸实现产业转型升级[44]、重构全球价值链实现新兴经济体企业升级[45]，以及基于全球价值链治理与提升等实现产业链升级[46-51]。

三是产业集群升级。德国经济学家 Alfred Weber 在其著作《工业区位论》中研究了企业聚集规模经济决定工业区位的选择，开创了现代工业区位理论研究。20世纪70年代兴起的新产业区理论学派围绕区域创新网络及其升级对经济空间聚集现象进行研究。1990年，迈克尔·波特在《国家竞争优势》一书中首先提出用产业集群（Industrial Cluster）一词对集群现象进行分析[38]，产业集群作为经济全球化下促进一国与区域经济增长的一种有效组织方式，在国际范围内开始广泛吸引人们的注意[52-56]。国内关于产业集群升级的研究大都出现在进入21世纪后，众多学者主要从产业集群类别[57-59]、影响因素[60-62]与升级模型[63]以及从产业集群升级实现产业升级的路径[64-68]等方面展开研究。

国内外关于产业优化升级概念模式的研究与时代背景紧密联系，具有重要实践意义。首先，从各国经济发展实践来看，三大产业从一、二、三到二、一、三再到三、二、一的演变成为近现代产业结构转型与升级的主旋律；在世界多极化、经济全球化、社会信息化、文化多样化的今天，从产业结构调整与优化角度，例如着力发展生产性服务业和技术密集型制造业，推动劳动密集型与资金技术密集型产业协调发展，亦成为一国产业升级的重要思路。其次，从全球价值链的角度，一国产业占据全球价值链环节的情况决定其国际总体实力高低，并进而影响该国经济的国际竞争力的高低，因而从价值链角度探讨产业升级具有重要作用与意义。最后，无论是美国的"硅谷"、印度的班加罗尔（Bangalore）、德国的巴登-符腾堡（Baden-Württemberg）、墨西哥的瓜达拉哈拉（Guadalajara），还是中国的中关村等大量实例都表明，产业集群已成为当今经济活动中的重要事实[69]，与区域经济发展有着密不可分的联系，被誉为"推动区域经济增长最具前景的商业战略"[70]。可见，现有国内外产业优化升级概念模式的相关研究来源于实践，反映了不同历史时期产业优化升级的实际内容与问题考量。

二、景德镇陶瓷产业优化升级模式

基于产业结构升级、产业链升级与产业集群升级三种模式，对景德镇陶瓷产业优化升级进行分析。

（一）景德镇陶瓷产业结构优化升级

从理论上分析，产业结构优化升级，是指通过产业结构调整，产业各组成部分实现更加协调的发展，并更加满足社会动态需求的产业发展过程。产业结构优化升级，侧重的是优化，本质上是一个相对的概念。产业结构优化升级，具体又包括以下两方面内容：一是产业结构的合理化。要求产业基于当前社会经济消费需求与资源条件进行内在构成的调整，使资源在产业各构成部分进行合理配置与有效利用。产业结构合理化的结果，是产业整体运行质量的提高。二是产业结构的高度化。要求产业的资源利用要随着社会经济技术的进步不断突破原有界限，从而不断促进产业内新生力量的成长。不管是产业结构的合理化，还是产业结构的高度化，其都应该有两个基本标准：一是产业结构的均衡发展，意味着不存在非常明显的过剩或者短缺部分；二是产业结构的效率提升，意味着产业结构的产业发展速度、质量更优。可用产业增加值增长率、固定资产投资增长率等指标衡量产业发展速度，用资源配置效率、技术进步率、单位资产的产出额等衡量产业发展质量。

结合景德镇陶瓷产业发展实际分析，目前在统计上景德镇陶瓷产业分为日用陶瓷、工艺美术陈设陶瓷、建筑卫生陶瓷、先进陶瓷与工业陶瓷五个组成部分，2018 年其五部分占比分别为 25.97%、41.60%、14.35%、10.83%、7.25%，2021 年其五部分占比分别为 32.07%、35.89%、14.43%、9.54%、8.08%（见图 6-1），以这两年进行动态比较，日用陶瓷、建筑卫生陶瓷、工业陶瓷所占比例上升了，工艺美术陈设陶瓷、先进陶瓷所占比例则下降了，这是景德镇陶瓷产业结构的一个客观变化。至于这种变化是否让景德镇陶瓷产业结构更优，则需要结合上文产业结构优化升级的两个标准进行分析，然而，由于缺乏相关统计数据，难以对此进行准确判断。但是，从理论角度而言，根据资源合理利用，景德镇继续发展工艺美术陈设陶瓷与日用陶瓷是合理的；同时先进陶瓷作为当前大陶瓷产业下的一个朝阳产业，其市场前景、资源配置效率以及对技术进步与价值创造的作用是其他陶瓷不可比拟的。因此，在以工艺美术陈设陶瓷与日用陶瓷为基础的同时，加大力气发展先进陶瓷，应是景德镇陶瓷产业结构优化升级的一个重要方向。

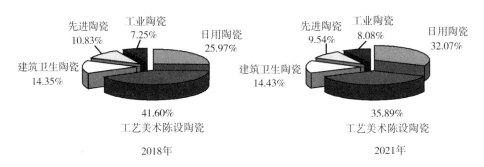

先进陶瓷 10.83%　工业陶瓷 7.25%　日用陶瓷 25.97%
建筑卫生陶瓷 14.35%
41.60% 工艺美术陈设陶瓷
2018年

先进陶瓷 9.54%　工业陶瓷 8.08%　日用陶瓷 32.07%
建筑卫生陶瓷 14.43%
35.89% 工艺美术陈设陶瓷
2021年

图6-1　2018年、2021年景德镇陶瓷产业结构对比

资料来源：景德镇市统计局。

（二）景德镇陶瓷产业链优化升级

产业链优化升级，是指通过产业生产要素改进、生产效率提升、产品创新或产业链转换，使产品附加值提升的过程。一般将产业链优化升级分为工艺流程优化升级、产品优化升级、功能优化升级和价值链优化升级四方面内容：一是工艺流程优化升级，是指开发新技术、新工艺、新流程，促进生产系统效率提高；二是产品优化升级，是指进行产品创新，对老产品改进或开发新产品，提高产品的市场竞争力；三是功能优化升级，是指从价值链的低端功能环节向价值链高端功能环节转移，提升价值链占据地位；四是价值链优化升级，则是依托原有价值链地位，进入与现有价值链有一定关联但技术壁垒或资本壁垒更高的价值链，实现价值链的整体提升。工艺流程优化升级、产品优化升级、功能优化升级和价值链优化升级体现了产业链优化升级从低到高的不同阶段，一般而言，产业链优化升级应遵循从工艺流程优化升级到产品优化升级，再到功能优化升级，最后到价值链优化升级的这样一个循序渐进的发展过程。

　　长期以来，工艺美术陈设陶瓷与日用陶瓷是景德镇陶瓷的两大类型，虽然近年来开始生产建筑卫生陶瓷、先进陶瓷与工业陶瓷，但工艺美术陈设陶瓷与日用陶瓷至今仍然是景德镇陶瓷的主要构成①。另外，鉴于景德镇陶瓷工艺美术陈设陶瓷生产根植于传统生产工艺与生产体系的属性较强，下文仅以日用陶瓷为代表，从工艺流程优化升级、产品优化升级、功能优化升级和价值链优化升级四方面，探讨景德镇陶瓷产业链优化升级方向。一是工艺流程优化升级。景德镇有相当一部分陶瓷企业仍是沿用传统的生产工艺路线，生产以手工、半机械化工艺设备为主，极大地限制了生产效率与产品质量的提高。要开发新技术、新工艺、新流程，开发采用新装备，促进德镇陶瓷产业工艺流程优化升级。二是产品优化升级。过去的几十年来，景德镇日用陶瓷产品生产都以实用为主，不注意产品创新，花色品种单一、式样陈旧，产品的国际市场竞争力差，产品销售难或只能以极低的价格卖出，因而经常遭受一些西方国家的反倾销措施。虽然近年来景德镇日用陶瓷产品得到了很大改进，但相对于当前日用陶瓷产品国际市场需求呈现出艺术化、多元化、个性化的发展趋势，景德镇日用陶瓷产品还需要适应这种发展趋势，积极推进产品创新，开发适应市场需求的新产品。三是功能优化升级。根据价值链"微笑曲线"，设计研发、材料供应、生产、销售、品牌服务价值链曲线情形恰恰是"中间"的生产环节价值量低，"两头"的设计研发环节与品牌服务环节价值量高，景德镇陶瓷产业主体恰恰是处在价值链的最低端环节。因此，景德镇陶瓷产业要从价值链的生产功能环节向价值链设计研发、品牌服务所代表的功能环节转移，提升价值链占据地位。四是价值链优化升级。文化创意产业相对于日用陶瓷产业而言，无疑具有整体更高的价值链。如前文所述，当前日用陶瓷产品国际市场需求呈现艺术化、多元化、个性化的发展趋势，如果景德镇日用陶瓷产业能够适应这种需求，将日用陶瓷生产与文化创意设

---

　　① 2021年，景德镇工艺美术陈设陶瓷与日用陶瓷分别占比35.89%与32.07%，两者合计占比67.96%。

计结合，形成日用陶瓷生产与文化创意相融合的局面，最终促进景德镇日用陶瓷产业向陶瓷文化创意产业的转变，从而促进价值链优化升级。

（三）景德镇陶瓷产业集群优化升级

"产业集群"的概念最早由美国哈佛商学院大学教授迈克尔·波特（Michael E. Porter）提出，他在 1990 年出版的《国家竞争优势》一书中用"产业集群"一词对集群现象进行了分析。产业集群是指在特定区域中，具有竞争与合作关系，且在地理上集中，有交互关联性的企业、专业化供应商、服务供应商、金融机构、相关和辅助产业的厂商及其他相关机构等组成的群体[71]。产业集群优化升级是指产业集群的组成结构更加优化、关联协作更加紧密协调，从而使产业集群整体规模和运行效率均不断提升的产业发展过程。从产业集群优化升级的概念可以看出，产业集群优化升级的主要内容至少包括两个方面：一是产业集群组成结构优化，要求组成产业集群的企业、专业化供应商、服务供应商、金融机构、相关和辅助产业的厂商及其他相关机构完善程度的提高以及种类、规模与数量比例的优化。二是加强产业集群内部关联协作。关联协作是产业集群的本质特征，如果产业"集而不群"，不能称之为真正的产业集群。加强产业集群内部关联协作，既是产业集群的发展要求，也是产业集群优化升级的表现。从产业集群优化升级的概念还可以看出，产业集群的优化升级，可以使用两个判断标准：一是产业集群整体规模提升，一般可用资产规模、从业人员规模、产值规模等进行测度；二是产业集群运行效率更高，可以用产业集群的投入产出等指标进行测度。

作为当今世界上历史最为悠久的产业集群，景德镇陶瓷产业集群经历了漫长的岁月洗礼。依托历史优势，并在近年来景德镇城市改造、园区建设的推动下，目前景德镇陶瓷产业集群形成了"遍布全城、多点聚集"的空间布局：一是珠山区。珠山区是千年瓷都历史老城区，是千年瓷都景德镇最主要的陶瓷生产地，目前是建设景德镇国家陶瓷文化传承创新试验区的主阵地，打造国际瓷都的主战场。拥有陶溪川文创街区（江西省唯一的国家级文化示范街区)、三宝国际瓷谷（商业旅游文化融合发展示范区)、雕塑瓷厂、陶艺街等文化创意产业聚落，还有老厂、樊家井、方家山、老鸦滩等地聚集着众多的传统工艺美术陈设陶瓷、日用陶瓷的手工作坊、店铺与商家等。还有国贸广场、金昌利大厦、陶瓷大世界、中国瓷园、华阳商贸城等专业陶瓷大市场。二是昌南新区。昌南新区现有陶瓷企业1443家，产值在200万元以上的陶瓷企业共计331家，其中先进陶瓷企业41家。规上陶瓷企业115家，其中先进陶瓷19家，在全市占比44.2%。2022年引进先进陶瓷项目14个，总投资120.8亿元，预计2023年底，先进陶瓷产业产值将达到85亿元[1]。景德镇陶瓷工业园区作为昌南新区的重要组成部分，重点培育先进陶瓷、日用陶瓷、艺术陶瓷三大产业集群，打造先进陶瓷产业园、国际陶瓷酒器文化产业园、中日陶瓷产业园、先进陶瓷数字经济产业园、名坊园、陶博城等"五园一城"一体布局，先后吸引5000多家上下游企业入园。三是昌江区。昌江区现有先进陶瓷企业17家，其中，规上先进陶瓷企业6家[2]，分别为黑猫炭黑、乐彭电器、美科光电、锦美活性炭、开门子电瓷电器、嘉宝瓷业。产品体系和类别涉及陶瓷粉体、电子陶瓷、高铁刹车片、特种陶瓷、工业陶瓷等诸多方面。昌江区陶青台文创园的宁封窑数字经济产业基地，以抖音直播、淘宝天猫直播、小红书内容植入、淘宝天猫京东三大平台官方旗舰店的线上立体布局，打造景德镇陶瓷产业数字化发展的创新模式。四是高新区。高新区内景德镇新都民营陶瓷园是中国首座大规模陶瓷（梭式窑）生产基地，集陶瓷生产、陶瓷直销、名人作坊、外贸出口、特色旅游于一体，融原料、成型、彩绘、包装、物流等多种业态于一园的超大型综合陶瓷园，园区内现有大小陶瓷企业200多家，几十位陶艺大师在园区内设有陶瓷艺术创作室。高新区还有先进陶瓷企业15家，其中规上先进陶瓷6家，年产值2.9亿元[3]。

目前，景德镇陶瓷产业集群发展形成了专业化分工、产业化协作、集群

---

①②③　资料来源：笔者根据调研数据整理。

化发展的格局，促进了陶瓷产业链的延伸和专业化分工，产业链不断延伸，形成了强大的产业配套体系和能力，总体体现了以下三个特点：一是陶瓷专业化发展。景德镇陶瓷产业集群形成了原料、成型、花纸、颜色釉、烧炼、包装、销售等较完整的产业体系，成为全国最大的陶瓷生产基地之一。二是陶瓷生产企业门类齐全，既有专门生产工艺美术陈设陶瓷、日用陶瓷的企业，也有专门生产建筑陶瓷、工业陶瓷的企业。三是配套服务企业齐全、众多。有众多的专门生产瓷土的企业、专门生产花纸的企业、专门生产陶瓷包装材料的企业、专门生产陶瓷包装盒的企业等，甚至包括专门用于陶瓷装饰的板框制作、专门用于陶瓷物流的陶瓷木架制造工匠群等。总体看来，目前景德镇陶瓷产业集群围绕专业化化工的"供给—需求"关系以用围绕供应链的供、产、销、运等关系，形成了一个具有众多分工合作关系的企业、机构、部门间相互依存、相互支撑、共同发展的集群产业体。景德镇陶瓷产业集群情况如图 6-2 所示。

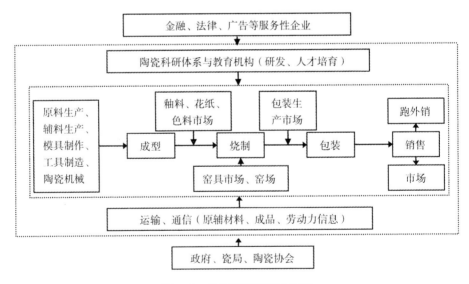

图 6-2　景德镇陶瓷产业集群

资料来源：左和平等. 中国陶瓷产业国际竞争力研究 [M]. 北京：中国社会科学出版社，2012.

循着产业集群优化升级的思路，景德镇产业集群优化升级可从优化产业集群组成结构和强化产业集群内部各组成部分的关联协作两个方面入手：

一方面，要优化产业集群组成结构。景德镇产业集群的组成结构至少存在两个问题，一是产业链各环节宽度结构问题。如果我们忽略景德镇陶瓷产业链的一些次要或辅助环节（例如展示、包装等），而重点关注景德镇陶瓷产业链的设计研发、材料供应、生产、销售、品牌服务等主要环节，再以各环节的企业数量或资产分布作为该环节的宽度，则可近似认为景德镇陶瓷集群产业链各环节宽度结构的形状类似于"中间粗、两头细"（"中间"的生产环节企业数量多，"两头"的设计研发环节与品牌服务环节企业数量少）的橄榄球形。要实现景德镇陶瓷产业集群升级，就要重点发展陶瓷产业链两端环节的企业与机构，拓宽陶瓷产业链两端，从"中间粗、两头细"的橄榄球形向"中间细、两头粗"的哑铃形转变。二是企业规模结构问题。如前文所述，景德镇陶瓷企业规模普遍小，缺少龙头骨干企业带动产业发展，景德镇7000余家陶瓷企业中，规模以下约占97%，规模以上才3%左右。正是因为景德镇陶瓷企业中绝大多数是小微企业、家庭作坊、工作室，导致了企业在管理、自主创新、品牌打造等方面的诸多问题。因此，从企业规模的优化考虑，要发展壮大景德镇陶瓷企业规模，培育龙头骨干企业，加强龙头骨干企业带动产业集群发展的作用。

另一方面，要加强景德镇陶瓷产业集群内部关联协作。如前文所述，由于景德镇陶瓷企业中绝大多数为家庭式陶瓷作坊和个人工作室，它们习惯于单打独斗，相互之间缺乏分工协作；加之景德镇又缺乏产业航母型特大陶瓷企业对本地陶瓷企业，特别是众多配套企业产生强大的吸引力，因而景德镇陶瓷产业集群各组成部分的整体关联协作程度不够紧密协调。所以，要大力推进景德镇陶瓷产业集群内部关联协作。

三、景德镇陶瓷产业优化升级模式的关系

第一部分、第二部分，分别从产业结构优化升级、产业链优化升级与产业集群优化升级探讨了景德镇陶瓷产业优化升级。但实际中，产业结构优化升级、产业链优化升级与产业集群优化升级三类基本模式并非孤立存在，而是彼此之间相互作用、相互影响的耦合（交互、共融等）关系。因此，在景德镇陶瓷产业优化升级的过程中，产业结构优化升级、产业链优化升级与产业集群优化升级三类升级模式必然也存在如图 6-3 所示的互动耦合关系。

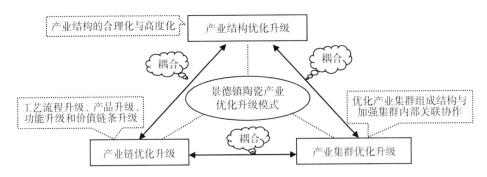

图 6-3 景德镇陶瓷产业结构优化升级、产业链优化升级与产业集群优化升级关系

第二节 景德镇陶瓷产业优化升级驱动力探索

一、人类社会经济发展的经验

然而，陶瓷产业优化升级路在何方？为探寻问题解决方案，笔者考察人类社会经济发展史后发现，按驱动的生产要素类型来看，人类社会经济可分

为两种基本驱动力：

一是物质化生产要素驱动力。在人类社会进行生产经营活动时，维系经济生产、贸易流通所需要的各种社会资源被称作"生产要素"。物质化生产要素主要是劳动、土地、资本，这三种生产要素也是经济学家眼中的传统生产三要素。例如，威廉·配第（William Petty）认为：土地是财富之母，劳动是财富之父；卡尔·海因里希·马克思（Karl Heinrich Marx）认为：劳动者、劳动资料、劳动对象是经济发展的基本要素；让·巴蒂斯特·萨伊（Jean Baptiste Say）认为：劳动、土地、资本是一切社会生产所不可缺少的三个要素。自从人类文明走出原始社会的桎梏，斩断自然环境和先天生物进化的枷锁，开始学会运用工具进行有组织的生产活动以后，劳动、土地、资本生产要素就始终贯穿在人类经济社会的发展脉络。如果我们站在一个长远的历史长河视野去看待这个问题，就会发现劳动、土地、资本这三个生产要素分别是奴隶社会、封建社会、资本主义社会（早期）经济发展驱动的主要生产要素。

二是非物质化生产要素驱动力。随着人类社会的发展进步，驱动经济发展的生产要素开始扩展，呈现出非物质化趋势，即各种生产要素尤其是非物质生产要素不断注入经济之中，归纳起来主要经历了以下三大阶段：①科技要素注入经济，形成科技与经济的融合发展。这里，科技是指广义的科技。随着科技革命和产业革命的迅猛发展，科技给经济发展带来了前所未有的变化。在分工市场化、国际化的大背景下，科技进步不仅成为经济发展的关键性因素，即经济发展的水平取决于科技进步的水平，而且也成为各国家、各地区竞争的核心因素，即各国家、各地区的竞争都是以科技为实力展开的。②信息要素注入经济，形成信息与经济的融合发展。随着信息技术革命的到来，信息技术成为科技进步中最具革命性的因素，从而也成为经济增长的关键性因素。在理论界，人们提出，在信息时代，信息化是经济发展的核心驱动力。对发达国家而言，要保持经济持续的增长必须依靠信息化；对发展中国家而言，只有将信息化与工业化结合起来，才能加快工业化进程，实现对发达国家的赶超。在现实中，美国在20世纪90年代提出了建立信息高速公路，并将其上升到国家发展战略的高度，并在工业领域提出工业互联网；中国则在2002年提出了以信息化和工业化相结合为核心标志的新型工业化道路，将走新型工业化道路确定为国家发展战略，并在2015年首次提出"互联网+"行动计划。③文化要素注入经济，形成文化与经济的融合发展。这是目前最高形态的融合发展。随着人类进入知识经济时代，加之文化的开放性发展，文化要素融入经济之中，逐步成为经济发展最为重要和有效的动力机制。也就是说，文化成为了主导力量引领经济发展[72]。

纵观人类社会经济发展历程，由物质化生产要素驱动向非物质化生产要素驱动构成一条基本主线。现代经济的发展，已经历了科技要素注入经济、信息要素注入经济与文化要素注入经济三个阶段，并随着经济的发展，它们的作用日益得到强化，科技驱动经济、信息驱动经济、文化驱动经济的趋势越来越显现，科技、信息与文化等非物质生产要素取代传统的劳动、土地、资本等物质化生产要素成为经济发展的主要驱动力愈加明显并且呈现出相互融合的作用趋势。

二、科技、信息与文化对产业优化升级作用的理论研究

科技、信息与文化对经济的作用，亦为国内外学者关注。围绕科技、信息与文化对产业优化升级的作用，相关研究成果综述如下：

第一，科技对产业优化升级的作用的研究。"古典经济学之父"英国古典经济学家亚当·斯密[73]最早分析了科技对经济发展的作用，认为"技术进步和劳动分工、资本积累共同构成经济增长的动力源"。美籍奥地利政治经济学家约瑟夫·熊彼特在其《经济发展理论》一书中首次提出"创新"概念，认为"经济发展是创新的结果"[74]，并以此创建了他的经济发展理论，从而被后人誉为"创新理论"的鼻祖。从此，科技要素对经济的作用受到越

来越多的关注。美国经济学家罗伯特·默顿·索洛（1956）[75]构建的"索洛模型"认为，长期经济增长除了要有资本以外，更重要的是靠技术的进步、教育和训练水平的提高，这打破了一直为人们所奉行的"资本积累是经济增长的最主要的因素"的理论，在此基础上创立的新古典增长理论是现代增长理论的基石，但是在索洛模型中，技术进步被视为外生的（即不是由经济过程本身决定的）。20 世纪 80 年代后，以罗伯特和卢卡斯（1988）[76]、保罗·罗默（1996）[77]为代表创建的"新增长理论"把经济增长建立在内生的技术进步上，并认为"技术进步是经济增长的核心"，技术进步对经济增长的作用自此被高度关注，在国内，学者们围绕科技与经济增长间的相互促进机制[78-80]、科技与经济的协调性测度[81-84]、科技与经济的融合路径与对策[85-90]等方面展开研究，取得了一系列成果。随着产业转型升级对中国经济高质量发展的意义愈加重要，学者们开始关注科技对产业转型升级的作用。周叔莲与王伟光（2001）[91]分析了科技创新与产业结构调整的互动关系，认为科技创新是产业结构调整的动力，并分析了科技创新促进产业结构调整的具体途径，包括促进了劳动分工并改变劳动力就业结构、使不同行业的劳动生产率出现差异、通过影响需求结构来改变产业结构、催生一批新产业的同时削减一些旧产业、促进传统产业改造五个方面，启发并促进了学者们从战略高度研究认识科技创新对产业结构的重要影响，形成的相关成果主要集中在科技创新能够有效地推动产业转型升级的实证[92-97]、科技创新促进产业转型升级机理分析[98-101]、科技创新促进产业转型升级的绩效评价[102-103]等方面。

第二，信息对产业优化升级的作用研究。信息论奠基人克劳德·香农（Claude Shannon）在 1948 年发表的论文《通信的数学原理》中首次对信息进行了定义，指出"信息是用来消除随机不确定性的东西"。此后，信息被引入经济学领域，学者们纷纷从信息与经济的联系展开研究，形成信息经济学两条主线：一是弗里兹·马克卢普（Fritz Machlup）和马克·尤里·波拉特（Mac Uri Porat）创立的以研究信息产业和信息经济为主的宏观信息经济学；二是乔治·斯蒂格勒创立的从微观的角度入手研究信息的成本和价格的微观信息经济学。从20世纪90年代以后，中国学者们也开始重视信息对经济的重要作用，成果开始不断涌现，研究内容主要包括信息要素是国民经济增长的作用[104-113]、信息链条在经济发展中的各种表现[114-118]、信息资源的增值利用模式[119-125]等方面。进入21世纪以来，随着信息化程度的不断提高，信息要素对产业的促进作用日益显现，需求收入弹性说、生产率上升说、制度经济学说对于信息化条件下产业调整与升级的动因等解释乏力，学者们开始尝试探索信息要素对产业升级结构升级的影响，主要从信息技术[126-129]或信息产业[130-134]层面等研究视角探索信息化条件下信息对产业优化升级的作用，对信息促进产业优化升级的过程、动因等方面做出了各自的解释。

第三，文化对产业优化升级的作用研究。文化对社会经济的影响研究始于19世纪中期，Karl Marx（1979）认为文化一旦形成，其改变的速度就会变得相对缓慢，并对当时的社会与经济产生深远的影响[135]。Max Weber（2001）认为宗教改革导致的文化变化对资本主义早期发展具有关键意义[136]。20世纪末以来，随着文化在经济中的推动作用越发重要，越来越多的学者开始逐渐意识到文化也是提高生产力水平与促进经济发展的重要力量，Lal（1999）通过定量实证测定了西方个人主义对于经济发展速度的影响[137]，Landes（2000）分析了地域之间文化的差异导致经济发展水平的差异[138]。此外，也有学者从价值观、信仰等文化的具体构成进行研究，分析它们对于经济发展的重要作用[139-146]。21世纪以来，中国学者们也开始关注文化对经济发展的作用，基于中国背景下的文化与地区经济发展问题开展了研究，从不同角度发现或证实了文化对于中国经济发展的作用。张维迎与柯荣住（2002）[147]认为信任对一个地区的经济绩效有着显著的影响；李涛（2006）[148]研究发现社会互动和信任都推动了居民参与股市；刘瑞明（2020）[149]采用中国283个地级市2002~2016年的面板数据和双重差分方法，首次评估了文化体制改革对地区旅游业发展的影响。研究发现，文化体制改革激发了市场活力，促进了文化产业和旅游产业的融合，带动了地区旅游业的发展。随着我国经济发展进入新常态，发展方式从规模速度型粗放增长转向质量效率型集约增长，部分学者试图探寻文化对产业调整与优化的作用，主要成果集中在文化促进产业优化升级的影响与机理[151-153]、文化促进产业优化升级的路径[154-157]等方面。

上述科技、信息与文化对产业优化升级作用的现有相关研究，分别从科技、信息与文化的角度，研究了它们对经济发展的重要作用，符合人类经济社会发展过程中科技要素注入经济、信息要素注入经济、文化要素注入经济三个阶段的实际表现，这反过来证实了下文"科技+信息+文化"推进景德镇陶瓷产业优化策略研究思路的正确性。上述研究也从不同角度揭示了科技、信息与文化对产业优化升级作用的机制、路径，将为下文研究提供重要的参考。

第三节　"科技+信息+文化"驱动景德镇陶瓷产业优化升级路径思考

以科技、信息、文化非物质生产要素驱动景德镇陶瓷产业优化升级为目标路径，其升级机理可分为两个层面。

一、科技、信息、文化驱动景德镇陶瓷产业优化升级的基本路径

第一个层面是科技、信息、文化驱动景德镇陶瓷产业优化升级的基本路径，即科技驱动景德镇陶瓷产业优化升级、信息驱动景德镇陶瓷产业优化升级与文化驱动景德镇陶瓷产业优化升级三条基本路径，基本路径分别考虑科

技驱动、信息驱动、文化驱动景德镇陶瓷产业优化升级的独立作用，如图 6-4 所示。

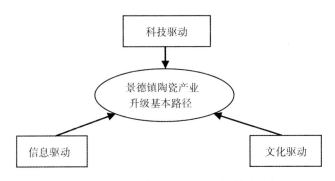

图6-4 中国传统制造业优化升级基本路径

（一）科技驱动中国传统制造业优化升级的基本路径

对应产业结构、产业链与产业集群三类基本模式，又可分为科技驱动中国传统制造业产业结构、产业链与产业集群优化升级的三类基本路径。三类基本路径的作用机理分别是：通过科技创新，创造新产品，形成新的产业部门，促进产业结构升级；通过科技创新，创造新技术、新工艺或新的生产环节，促进产业链完善和产业链升级；通过科技创新，形成创新成果，推动产业集群学习效应，促进产业集群升级，如图 6-5 所示。

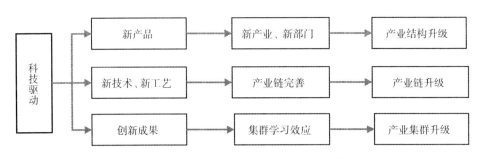

图6-5 科技驱动中国传统制造业优化升级的基本路径

（二）信息驱动中国传统制造业优化升级的基本路径

对应产业结构、产业链与产业集群三类基本模式，又可分为信息驱动中国传统制造业产业结构、产业链与产业集群优化升级的三类基本路径。三类基本路径的作用机理分别是：通过产业信息化、信息产业化，形成新的产业部门，促进产业结构升级；通过网络化协同、个性化定制、网络平台效应，促进产业链完善和产业链升级；通过物联网、信息基础设施建设与共享，促进产业集群升级，如图6-6所示。

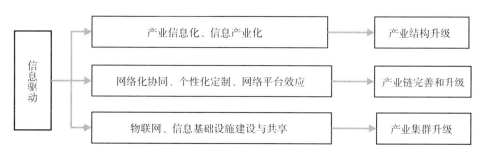

图6-6　信息驱动中国传统制造业优化升级的基本路径

（三）文化驱动中国传统制造业优化升级的基本路径

对应产业结构、产业链与产业集群三类基本模式，又可分为文化驱动中国传统制造业产业结构、产业链与产业集群优化升级的三类基本路径。三类基本路径的作用机理分别是：通过文化元素融入与文化元素应用，创造新产品，形成新的产业部门（如陶瓷文化创意产业），促进产业结构升级；通过技艺技能文化重塑、文化营销，提升产品附加值，促进价值链提升，进而实现产业链升级；通过集群文化（如硅谷的创业与创新文化）效应与文化产业集群化、融合化，促进产业集群升级，如图6-7所示。

二、"科技+信息+文化"驱动景德镇陶瓷产业优化升级路径

第二个层面是"科技+信息+文化"驱动景德镇陶瓷产业优化升级路径。

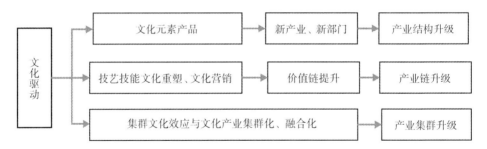

图 6-7　文化驱动中国传统制造业优化升级的基本路径

在经济发展实践中，科技、信息、文化要素往往不是孤立存在并作用于经济，而是耦合关联存在并融合作用于经济。考虑科技、信息、文化三者之间的耦合关联存在及其对经济的融合作用，提出"科技+信息+文化"驱动景德镇陶瓷产业优化升级路径思路，如图 6-8 所示。

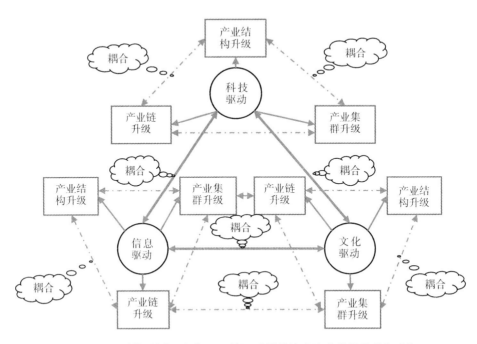

图 6-8　"科技+信息+文化"三轮驱动景德镇陶瓷产业优化升级路径

在"科技+信息+文化"三轮驱动中国传统制造业优化升级路径示意图中，存在着至少两个层面的耦合关系，一是科技、信息与文化三要素之间的耦合互动，例如工业机器人作为智能制造中一个不可或缺的重要环节，是科技与信息的综合作用成果；二是产业结构升级、产业链升级与产业集群升级三类基本模式之间相互作用、相互影响的耦合互动，例如陶瓷文化创意产业（集群）的形成与发展可以同时是产业结构升级、产业链升级与产业集群升级的结果。科技、信息与文化要素作为动力源，在耦合互动中的作用促进产业结构升级、产业链升级与产业集群升级，而产业结构升级、产业链升级与产业集群升级之间也将相互作用、相互促进，从而形成一种"三螺旋"式优化升级复合模式，如图6-9所示。

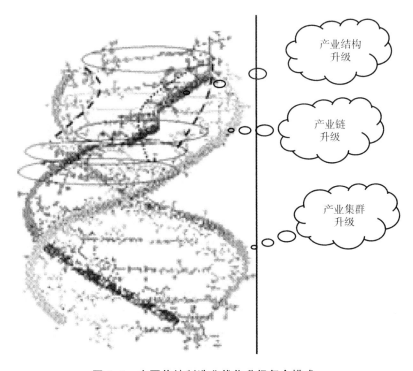

图6-9　中国传统制造业优化升级复合模式

第四篇　景德镇陶瓷产业集群与区域经济耦合发展

20 世纪 90 年代以来，伴随着经济全球化进程，产业集群成为促进区域经济发展，提升区域竞争力的一种重要途径，表现出强劲的生命力。同时，区域经济对产业集群发展的支撑作用早已为实践所证明。本篇着眼于产业集群与区域经济发展之间存在的这种交互作用、交互影响耦合关系，探索景德镇陶瓷产业集群与区域经济耦合发展。

第七章　陶瓷产业集群—区域经济空间耦合及其评价

一方面，产业集群作为一种有效的组织形式，显著地推动了国民经济尤其是区域经济增长，被誉为"推动区域经济增长最具前景的商业战略"。另一方面，区域经济对产业集群发展的支撑作用早已为无数实践所证明。本章将深入探索景德镇陶瓷产业集群—区域经济发展之间的耦合关系。

第一节　陶瓷产业集群—区域经济空间耦合机理分析

一、问题的提出

20世纪90年代以来，伴随着经济全球化进程的持续深化，产业集群愈发成为促进区域经济发展、提升区域竞争力的一种重要途径，表现出极强的生命力，正如波特（1998）所描述的"当今世界经济版图上布满了被称为集群的区域"[158]。这种显现"嵌入性""地理集中""弹性专精""集体学习"等特征的产业集群[160]，作为一种有效的组织形式，显著地推动了国民经济尤其是区域经济增长。浙江省和广东省在改革开放后取得的快速发展，很大程度上也得益于其众多产业集群的发展。产业集群作为区域经济发展的重要手段，已经成为区域经济发展政策制定的一种重要工具[161]。另外，产业集群的形成、生存与发展，又受制于产业集群所处区域经济及以其为基础的政治体制、历史文化等环境因素。产业集群与区域经济增长之间显现的这种密不可分的联系，引起了国内外学者的关注和广泛研究。以保罗·罗宾·克鲁格曼[162]为代表的新经济地理学派提出了基于产业集群的制造业中心—农业外围的区域经济增长模型。Craft 和 Venables 运用新经济地理学理论，分析得出了产业集群对区域经济绩效、规模和经济增长都具有重要作用的结论。Lura Paija 通过对芬兰信息和通信技术产业集群进行了实证分析，研究结果表明信息和通信技术产业集群构成了芬兰基于知识经济增长的发动机，并分析揭示了该类产业集群对于优化经济结构、构筑国家竞争优势的重要作用。马丁和 Ottaviano 综合了克鲁格曼的新经济地理理论和 Romer 的内生经济增长理论，通过建立经济增长和经济活动空间聚集的自我强化模型，证明了区域经济活动的空间聚集和区域经济增长存在相互促进作用。国内众多学者对产业集群与区域经济增长之间的关系也进行了研究，但关注焦点在产业集群对于区域经济增长的作用，如王缉慈（2001）[163]、盖文启（2002）[164]与梁琦（2004）[165]等的研究。虽然也有少量学者注意到两者的相互影响作用，但他们的研究基本都是将两者其中之一对另一方的作用孤立起来，分别进行研究，如蔡宁和吴结兵（2007）从资源和结构角度，研究了产业集群促进经济增长的多方面作用及产业集群发展所需的区域经济环境[166]。

区域经济增长存在一个空间载体，定义为区域经济空间，它和产业集群发展存在于一个统一的区域系统中。产业集群与区域经济空间作为两个开放的系统，它们必然通过各自的耦合元素相互作用、彼此影响，这种相互作用和影响存在相互反馈的关系，是一种耦合关系。耦合（Coupling）是物理学的一个基本概念，指两个以上系统或两种以上运动方式之间通过各种相互作用而彼此影响以至联合起来的现象，是在各子系统或运动方式间的良性互动下，产生的相互依赖、相互协调与相互促进的动态关联关系[167]。例如，两个单摆之间连一根弹簧，两个单摆震动就将此起彼伏，相互影响，这种相互作用被称为单摆耦合[168]。景德镇陶瓷产业集群与景德镇城市的千年发展历史充分证明，陶瓷集群与景德镇城市发展之间存在着相互作用、彼此影响的关系，作者将这种现象定义为陶瓷产业集群—区域经济空间耦合，下面将尝试使用系统动力学的因果分析方法，对陶瓷产业集群与区域经济空间的耦合进行阐述说明。

二、陶瓷产业集群—区域经济空间耦合的内容

从实践来看，陶瓷产业集群—区域经济空间耦合主要体现在区位空间、资源要素、创新体系和发展目标四个方面。

（一）陶瓷产业集群与区域经济空间的区位空间耦合

陶瓷产业集群是在一定空间范围内的聚集，根植于区域环境，与区域个性密不可分，作为一种介于企业与市场之间的中间产业组织形态，它的聚集效应、扩散效应和生态效应可以形成一种"空间拉力"，使得资源集中的区域形成一个相对优势聚集区。一个区域一旦有某个产业成型或多个企业聚集，与之相互关联、互补甚至竞争的上下游产业或企业就会在空间分布上不断地集中于此，这种高度聚集性以及企业与机构共享区域自然资源、经济资源、社会基础设施（如区域的便利交通是陶瓷产业集群的形成和发展的重要耦合元素），所产生的规模经济和强大的溢出效应，将带动整个区域经济的发展。

（二）陶瓷产业集群与区域经济空间的资源要素耦合

陶瓷产业集群的核心是产业之间、企业之间及企业与其他机构、协会之间的关联性与互补性。不论是偶然选择还是科学选择，与该产业有关的原材料、零配件供应、配套产品制作、销售渠道等外围支持产业体系的产业或陶瓷产业集群，都会在空间分布上不断地趋向集中。根据新古典经济学的区位论，区位选择过程是理性人的利润最大化地点的选择过程，包括两个方面的内容，一是经济人假设的利润最大化行为，二是满足利润最大化的区位。因

此，区域经济系统的自然资源、环境资源、劳动力资源、资本资源、市场资源、社会基础设施资源等对这种产业集中具有至关重要的影响。

（三）陶瓷产业集群与区域经济空间的创新体系耦合

我国正在积极建设创新型国家，不管是企业自身成长，还是区域经济发展，都离不开创新这一进步的灵魂。从宏观层面看，区域经济系统应积极地进行政治、经济、法律制度的创新与改革；从微观经济主体层面看，企业要建立现代企业制度，在技术研究与开发中创新，促进产业结构优化与升级。陶瓷产业集群内的企业由于地理位置集中而便于接近，联系密切，并由于生产相同或相近的产品，使得他们能及时了解市场需求和科技变化，有利于企业对市场和技术方向的把握，而对区域资源要素的共享，有利于相关企业实现合作创新。在陶瓷产业集群与区域经济系统的耦合发展中，创新是必不可少的。集群内企业之间的合作创新，既可分散创新风险，攻克创新困难，又可以加快创新速度，同时有利于创新成果的传播扩散，易于为其他企业所学习和吸收，从而促进整个集群创新能力的提高。

（四）陶瓷产业集群与区域经济空间的发展目标耦合

根据克鲁格曼的理论，企业在最初选择区位的时候很有可能是基于一种偶然选择。但无论企业最初的区位是偶然的选择还是在综合考虑各种内外部因素后的科学合理的选择，都会使企业在原有的区位上产生"路径依赖"。产业空间聚集一旦建立起来，就倾向于自我延续下去，深深地嵌入区域经济的各个方面。陶瓷产业集群的经济行为主体无法脱离区域的社会网络结构，与区域经济系统具有相同或相近的文化和制度背景，甚至拥有共同的社会、经济发展目标。陶瓷产业集群在实现自身升级的过程中不断提升区域经济的竞争力，而区域经济的繁荣发展也为陶瓷产业集群升级提供基础和条件，两者之间相互促进。

陶瓷产业集群与区域经济空间通过上述耦合关系形成有机系统，并产生系统的涌现性[169]，如图7-1所示。

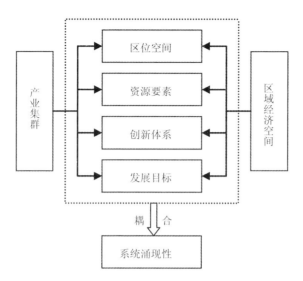

图 7-1 陶瓷产业集群与区域经济空间的耦合模型

三、陶瓷产业集群—区域经济空间耦合机理

本部分运用系统动力学因果关系图分析方法，对陶瓷产业集群—区域经济空间的耦合机理进行分析。

（一）陶瓷产业集群—区域经济空间的区位空间耦合

陶瓷产业集群—区域经济空间的区位空间耦合主要包括三个方面：

第一，陶瓷产业集群的发展，将推进集群企业分工与合作，促进陶瓷产业集群的生产专业化，进而提高陶瓷产业集群的生产效率，促进区域经济的发展；同时，区域经济的发展所带来的吸引力将有利于陶瓷产业集聚效应的进一步加强和产业集群发展程度的进一步提高，如此形成陶瓷产业集群与区域经济发展的互动。

第二，陶瓷产业集群的发展，将极大增强集群企业间的空间临近性，并因此极大节省企业间交易的寻找成本、信息成本、合约谈判与执行成本以及运输成本等空间交易成本，并因空间临近性而增强企业间联系，从而减少了机会主义行为，进而提高陶瓷产业集群效益，促进区域经济发展，并通过区域经济的发展推进陶瓷产业集群的进一步发展。

第三，陶瓷产业集群的发展，有利于形成和提升区域品牌效应，降低产品销售困难度，例如景德镇区域品牌对景德镇陶瓷产品的销售而言，无疑就是一块金字招牌。由于产品销售困难度的降低，将提高陶瓷产业集群收益，进而促进区域经济发展，并通过区域经济的发展推进陶瓷产业集群的进一步发展。

陶瓷产业集群—区域经济空间的区位空间耦合机理如图 7-2 所示。

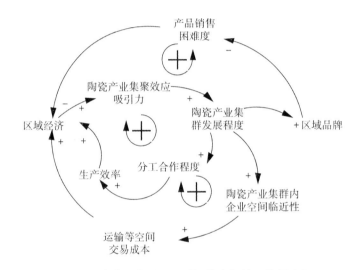

图 7-2　陶瓷产业集群—区域经济空间的区位耦合机理

（二）陶瓷产业集群—区域经济空间的资源要素耦合

陶瓷产业集群—区域经济空间的资源要素耦合，主要体现在：陶瓷产业集群发展，将形成促进区域经济发展的区域竞争优势，显现出一种强大的"辐射—聚集效应"，从而吸引众多资源要素的聚集，并直接壮大和发展陶瓷产业集群，间接促进区域经济的发展。而区域经济的发展，又将进一步放大这种"辐射—聚集效应"，促进陶瓷产业集群的发展。陶瓷产业集群发展的"辐射—聚集效应"是综合性、全方位的，具体说来包括：

第一，这种"辐射—聚集效应"将吸引国内外投资者的注意。这些投资者将被集群内企业所体现的强大竞争优势所吸引，从而大量进入陶瓷产业集群建立新企业。

第二，这种"辐射—聚集效应"将吸引产业集群外的相关企业与支撑机构的经营管理者的注意。当他们发现集群内企业因聚集效应而形成特有竞争优势时，也会将其企业或机构设法迁入集群区域，进而陶瓷产业集群的相关企业和支撑机构将不断发展壮大；另外，当集群内聚集了众多的企业、众多的劳动者以后，这些企业的金融服务等相关服务配套需求，以及劳动者的饮食、住宿、教育等需求将吸引相关企业与支撑机构的进入。

第三，这种"辐射—聚集效应"将促进陶瓷原材料及陶瓷产品专业市场的形成。由于集群内聚集了大量的陶瓷企业，为满足这些陶瓷企业的原材料与产品销售需求，将吸引众多的原材料供应厂商与产品销售企业进入产业集群，从而促进陶瓷原材料及陶瓷产品专业市场的形成。

第四，这种"辐射—聚集效应"将吸引广大劳动者的注意。由于陶瓷产业集群聚集了大批的专业技术人才、专业知识和相关信息，因此集群内的专业技术人才都可以更便利地进行自我评价，更容易地进行自我定位。还有，对集群内任何一位拥有一定专业技术的劳动者而言，当其在确保自己能容易地找到工作的前提下，他会愿意对具备集群产业特征的技术提升进行投资，强化其专业能力，从而将促进集群企业劳动生产率的提高，进而又将进一步强化集群的这种"辐射—聚集效应"。

第五，这种"辐射—聚集效应"也将吸引和促进政府加大对陶瓷产业集群的基础设施建设，从而有利于产业集群的基础设施完善。

陶瓷产业集群—区域经济空间的资源要素耦合机理如图7-3所示。

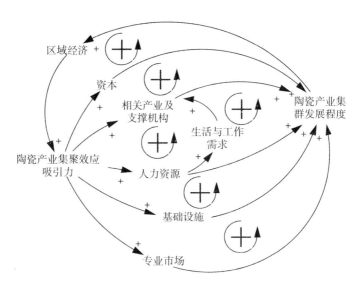

图 7-3　陶瓷产业集群—区域经济空间的资源要素耦合机理

（三）陶瓷产业集群—区域经济空间的创新体系耦合

陶瓷产业集群—区域经济空间的创新体系耦合内容主要包括三个方面：

第一，陶瓷产业集群的发展，将促进集群企业网络关系的形成和相互间学习成本的降低，从而促进集群企业的相互学习与集体学习，进而促进陶瓷产业集群整体创新能力的提高与创新成果的不断增加，最终将有效地推动陶瓷产业集群生产效率的提高与区域经济的发展；并通过区域经济发展所形成的聚集效应吸引力促进陶瓷产业集群进一步发展。

第二，陶瓷产业集群的发展，将形成一种信息与知识的累积效应，这种效应将促进创新成果的进一步增加和陶瓷产业集群创新能力的进一步提升，推动陶瓷产业集群生产效率的提高，进而促进区域经济的发展；并通过区域经济发展所形成的聚集效应吸引力促进陶瓷产业集群进一步发展。

第三，陶瓷产业集群的发展，将增强集群企业的空间临近性，从而企业间竞争压力的感受将更为直接，也容易促使它们产生攀比心理，进而增强集群企业的创新动力，促使后进企业模仿、赶超先进企业，先进企业为了保持竞争优势而加强创新行为，进而有利于集群整体创新成果的增加，推动集群生产效率的提高，进而促进区域经济的发展；并通过区域经济发展产生聚集效应吸引力，促进陶瓷产业集群发展。

陶瓷产业集群—区域经济空间的创新体系耦合机理如图7-4所示。

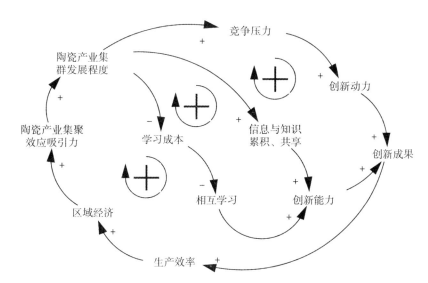

图7-4 陶瓷产业集群—区域经济空间的创新体系耦合机理

（四）陶瓷产业集群—区域经济空间的发展目标耦合

陶瓷产业集群—区域经济空间的发展目标耦合，主要表现为伴随着陶瓷产业集群的发展程度提高，将增进集群内企业在文化、价值观与发展目标等方面的一致程度，从而使企业间相互信任程度提高，这种基于社会网络信息基础上的产业集群合作分工，可以减少企业之间的相互欺诈，对于陶瓷产业集群维持稳定和提高生产效率起着非常重要的作用，并将推动区域经济的发展，并通过区域经济发展产生聚集效应吸引力促进陶瓷产业集群发展。陶瓷产业集群—区域经济空间的发展目标耦合机理如图7-5所示。

综上所述，陶瓷产业集群—区域经济空间在区域空间、资源要素、创新体系与发展目标上都存在紧密的耦合机理，如图7-6所示。正是在多方面的耦合下，陶瓷产业集群—区域经济空间相互促进、相互影响，互动发展[169]。

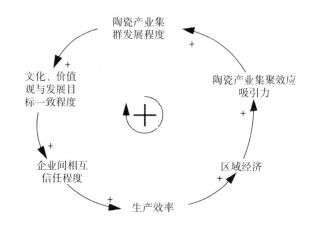

图7-5 陶瓷产业集群—区域经济空间的发展目标耦合机理

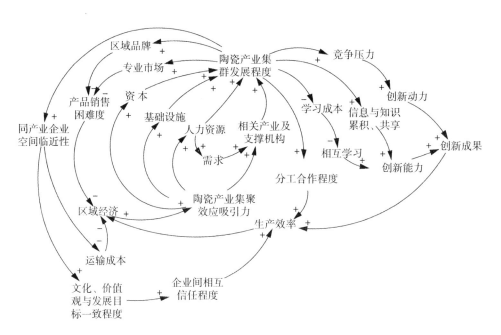

图7-6 陶瓷产业集群—区域经济空间耦合机理综合示意图

第二节　陶瓷产业集群—区域经济空间耦合评价体系构建

一、陶瓷产业集群—区域经济空间耦合评价指标体系建立

评价指标体系的建立是构建陶瓷产业集群—区域经济空间耦合评价体系的基础和关键。下文首先探索建立陶瓷产业集群—区域经济空间耦合评价指标体系。

(一) 评价指标选取原则

陶瓷产业集群—区域经济发展耦合评价指标的选取，须遵循如下六项原则：

1. 科学性原则

选取的评价指标应当准确反映陶瓷产业集群—区域经济发展耦合的内涵，体现其本质特征，这是评价指标体系构建的首要条件和基本要求。

2. 全面性和简略性相结合原则

一方面，应全面考虑构成陶瓷产业集群—区域经济发展耦合的内涵，从不同方面、角度和层面选取评价指标，使选取的评价指标系统化，构建陶瓷产业集群—区域经济发展耦合评价指标体系；另一方面，指标的选择又要尽量简化，要从陶瓷产业集群—区域经济发展耦合内涵的各个方面、角度和层面，仅选取有代表性的指标，从而避免不同评价指标所包含信息的重复。

3. 总量指标与均量指标相结合原则

一方面，总量指标反映的绝对规模对陶瓷产业集群—区域经济发展耦合

有着相当大的影响，所以总量指标是陶瓷产业集群—区域经济发展耦合评价指标体系的核心部分。另一方面，均量指标能反映陶瓷产业集群—区域经济发展耦合的相对程度，因此可以作为对总量指标的有益补充。

4. 动态性原则

陶瓷产业集群—区域经济发展耦合本身就是一个动态概念，因此需要选择能反映陶瓷产业集群—区域经济发展耦合的过程和趋向指标，测度陶瓷产业集群—区域经济发展耦合未来的发展潜力。

5. 可操作性原则

包括指标数据的易得性和易量化性。指标的易得性是指选取的评价指标应尽量考虑使其数据容易或能够采集，而且信息可靠；指标的易量化性是指尽量采用定量评价指标，尽量少用定性指标，或者尽量选取那些能够通过赋值法而转化的定性指标，从而增强评价指标体系在实践中的应用性。

6. 规范化和一致性原则

为保证评价工作的连贯性，应注意评价指标的计算方法规范化与计算口径的一致性和保持稳定，增加指标体系的应用价值。

（二）陶瓷产业集群—区域经济发展评价指标体系

分别建立陶瓷产业集群与区域经济空间耦合度评测指标体系。

1. 陶瓷产业集群发展评价指标体系

基于系统的视角，考察陶瓷产业集群的运行机理，是陶瓷产业集群从周围环境中吸收人员、物资、能量、信息等资源，通过集群组织的资源共享、创新、竞争与合作等过程发挥系统功能，得到产品、知识、技术、人才等产出，并通过产业集群对区域经济的促进效应，包括产业集群对区域经济的带动效应、辐射效应与示范效应等，推动区域经济的发展，如图7-7所示。

因此，陶瓷产业集群的发展可从以下五个方面考察：

（1）集聚程度

陶瓷产业集聚是指陶瓷产业在地理空间上高度集中，且产业资本要素在

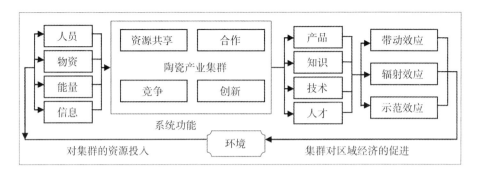

图 7-7　陶瓷产业集群的运行机理

该空间范围不断汇聚。衡量集聚程度可以从集群成员的数量、资产规模、产值、员工人数，以及区位商等方面来综合考察。产业集聚是陶瓷产业集群的本质特征。

（2）竞争程度

竞争是产业集群创新的一种无形推力，对陶瓷产业集群发展起着重要的作用。陶瓷产业集群的竞争程度主要从两个方面进行考察：一方面，考察集群内部陶瓷企业与集群外部陶瓷企业之间的竞争，其竞争能力可以用该陶瓷产业集群的市场占有率来衡量。另一方面，考察集群内陶瓷企业之间的竞争状况，其一般表现为以下三种方式：一是通过技术创新、降低生产成本以增加利润空间；二是通过产品差别化、价格策略等市场营销差异化战略；三是通过市场对集群内新成员的进入和老成员的退出来进行调节，以推动集群动态演进来影响竞争。可见，无论是产业集群内企业之间的竞争，还是与产业集群外企业之间的竞争，都遵循自然法则——优胜劣汰，从而推动产业集群的不断发展。

（3）合作程度

陶瓷产业集群内企业的合作有交易性合作和非交易性合作之分。其中：交易性合作的企业之间分工明显，相互依存，共同发展。这种合作能减少交易中的不确定性，降低成本；非交易性合作是基于技术和资源共享的合作。

这种合作则可以分担某些领域内巨额的开发费用和风险，达到知识共享、人力资源和技术优势互补的协同效应。可见，无论是交易性合作还是非交易性合作，都对合作双方以及整个集群的创新能力有极大促进作用。

（4）创新能力

所谓集群创新能力是指在一个集群范围内，技术创新行为组织以增强集群经济增长的原动力为目标，将创新构想转化为新产品、新工艺和新服务的综合能力，具体包括：创新投入能力、创新服务支撑能力、创新产出能力和创新系统持续创新能力。

（5）产出能力

产出能力指的是产业集群在一定时期内所产生的有用成果和劳务的总和或其货币表现，如产值、收入、出口、税收、专利、人才等。可见，集群产出是产业集群发展程度高低的直接表现。

基于上文的分析，从集聚程度、竞争程度、合作程度、创新能力与集群产出能力五个方面，依据指标选取原则，并采用频度统计法、理论分析法、专家咨询法构建陶瓷产业集群发展（TFZ）评价指标体系，如表7-1所示。

表7-1　陶瓷产业集群发展（TFZ）评价指标体系

一级指标	代号	二级指标	代号	二级指标解释或计算方法
集聚程度	JJ	规模以上陶瓷企业单位数（个）	DWS	从陶瓷产业集群主导产业的成员数量角度反映陶瓷产业集群的规模和集聚程度
		陶瓷工业资产总额（亿元）	ZCE	从陶瓷工业资产投入角度反映陶瓷产业集群的规模和集聚程度
		陶瓷产业从业平均人数（万人）	CYS	报告期内陶瓷产业从业人员的平均数量，从陶瓷产业集群主导产业的劳动人员角度反映陶瓷产业集群的规模和集聚程度

一级指标	代号	二级指标	代号	二级指标解释或计算方法
竞争程度	JZ	陶瓷产品市场占有份额（%）	ZYE	集群陶瓷市场占有份额=集群陶瓷产业主营业务收入/全国陶瓷产业主营业务收入，反映集群对市场的控制能力×100%
		陶瓷产业销售利润率（%）	LRL	陶瓷产业销售利润率=集群陶瓷产业利润/集群陶瓷产业主营业务收入×100%
		规模以上陶瓷企业单位数增长率（%）	DWZ	从陶瓷企业的数量变化反映陶瓷产业集群的竞争程度×100%
合作程度	HZ	陶瓷产业货物周转量（亿吨/公里）	ZZL	从货物运输角度反映地区对陶瓷产业的合作程度
		陶瓷产业贷款（亿元）	TDK	从金融支持角度反映地区对陶瓷产业的合作程度
		陶瓷产业保险（亿元）	TBX	从保险支持角度反映地区对陶瓷产业的合作程度
创新能力	CX	陶瓷工业科技活动人员占比（%）	KJR	陶瓷工业的科技活动人员占从业人员的比重×100%
		陶瓷工业研发费用与主营业务收入比（%）	YFF	反映陶瓷工业的研发费用投入强度×100%
		陶瓷工业新产品产值率（%）	XCP	陶瓷工业新产品产值率=陶瓷工业新产品产值/陶瓷工业总产值×100%
集群产出能力	CC	陶瓷工业总产值（亿元）	TZC	反映在报告期内陶瓷工业生产的总规模和总水平
		陶瓷工业增加值占GDP比重（%）	ZBZ	陶瓷工业增加值占GDP比重=陶瓷工业增加值/GDP×100%
		陶瓷产品出口（亿元）	TCK	反映景德镇陶瓷产品出口规模

2. 区域经济发展评价指标体系

经济发展是指追求自身利益最大化的人们，通过不断的技术经济组织和社会经济制度创新，使其经济总福利在经济总规模持续扩张的过程中得以不断改善。经济发展有三个方面：一是经济社会结构性的转变，如城乡人口结构、产业结构、就业结构、社会阶层结构、收入分配结构等的深刻变化；二是经济社会质的方面的改善，如生活质量改善、生态环境良好、文化程度提高、人的素质提高、人力资本积累、经济增长注重效益性等；三是国民经济量的增长和扩张，以及增长速度、人均国民生产总值等指标的变化。根据区域经济发展的本质特征与内容，参考张彩霞等构建的区域经济发展评价指标体系，并采用频度统计法、理论分析法、专家咨询法，从以下五个方面建立区域经济发展评价指标体系：

（1）经济发展速度

经济发展速度指特定时期内社会物质生产和劳务发展变化的速率，选取GDP增长率、固定资产投资完成额增长率、社会消费品零售总额增长率三项指标对经济发展速度进行评价。

（2）经济运行质量

经济运行质量指经济活动和经济成果的优劣程度。选取全社会劳动生产率、规模以上工业企业产值利税率、农林牧渔业增加值率三项指标对经济运行质量进行评价。

（3）经济结构

经济结构指国民经济的组成和构造。选取第三产业占GDP的比重、就业结构优化度（第二、第三产业从业人员占总就业人员比重）、工业化程度系数三项指标对经济结构进行评价。

（4）人均经济成果

人均经济成果指按人口平均计算的经济成果。选取人均GDP、城镇居民人均可支配收入、农村居民人均纯收入三项指标对人均经济成果进行评价。

（5）经济可持续发展

从经济属性定义可持续发展，指的是保持自然资源的质量与其所提供服务的前提下，使经济发展的净利益增加到最大限度，或者说就是不以牺牲资源与环境为代价的经济发展，即在不降低环境质量和不破坏自然资源基础上的经济发展。选取万元GDP能耗、森林覆盖率、城镇生活污水集中处理率三项指标对可持续发展进行评价。

综上所述，建立区域经济发展（JFZ）评价指标体系如表 7-2 所示。

表 7-2　区域经济发展（JFZ）评价指标体系

一级指标	代号	二级指标	代号	二级指标计算方法
经济发展速度	SD	GDP 增长率（%）	GZZ	＝（报告期 GDP－基期 GDP）/基期 GDP×100%
		固定资产投资完成额增长率（%）	TZZ	＝（报告期固定资产投资完成额－基期固定资产投资完成额）/基期固定资产投资完成额×100%
		社会消费品零售总额增长率（%）	XZZ	＝（报告期社会消费品零售总额－基期社会消费品零售总额）/社会消费品零售总额×100%
经济运行质量	ZL	全社会劳动生产率（万元/人）	QLL	＝地区生产总值/年平均从业人员
		规模以上工业企业主营业务利税率（%）	ZLL	＝规模以上工业企业利税总额/主营业务收入×100%
		第三产业增加值增长率（%）	SZL	＝（报告期第三产业增加值－基期第三产业增加值）/基期第三产业增加值×100%
经济结构	JG	第三产业占 GDP 的比重（%）	SZB	＝第三产业增加值/GDP×100%
		就业结构优化度（%）	YHD	＝第二、第三产业从业人员/总就业人员比重×100%
		工业化程度系数（%）	GCD	＝工业增加值/GDP×100%
人均经济成果	CG	人均 GDP（元）	RJG	＝GDP/总人口
		城镇居民人均可支配收入（元）	RKZ	＝（家庭总收入－缴纳的所得税－个人缴纳的社会保障支出－记账补贴）/家庭人口
		农村居民人均纯收入（元）	RCS	＝调查户纯收入之和/调查户常住人口总和
经济可持续发展	CX	GDP 能耗降低率（吨标准煤/万元）	NJL	＝－（报告期 GDP 能耗－基期 GDP 能耗）/GDP 能耗×100%
		城市化率（%）	CHL	＝城镇人口/总人口×100%
		从业人口占比（%）	CRB	＝从业人口/总人口×100%

二、陶瓷产业集群—区域经济发展耦合评价模型

在引入功效函数的基础上，分别计算陶瓷产业集群与区域经济发展的耦合度和耦合关联度，作为对陶瓷产业集群与区域经济发展耦合的评测依据。

（一）功效系数

设变量 u_i（$i = 1$，2，$\cdots$，n）是陶瓷产业集群—区域经济发展系统序参量，u_{ij} 为第 i 个序参量的第 j（$j = 1$，2，$\cdots$，m）个指标，其值为 x_{ij}。α_{ij}、β_{ij} 分别是系统稳定临界点序参量的上、下限值。因而陶瓷产业集群—区域经济发展系统对系统有序的功效系数 u_{ij} 可表示为公式（7-1）与公式（7-2）：

$$u_{ij} = \frac{(x_{ij} - \beta_{ij})}{(\alpha_{ij} - \beta_{ij})} \qquad u_{ij} \text{ 具有正功效} \qquad \text{公式（7-1）}$$

$$u_{ij} = \frac{(\alpha_{ij} - x_{ij})}{(\alpha_{ij} - \beta_{ij})} \qquad u_{ij} \text{ 具有负功效} \qquad \text{公式（7-2）}$$

式中，u_{ij} 为变量 x_{ij} 对系统的功效贡献大小。按公式（7-1）构造的功效系数具有如下特点：u_{ij} 反映了各指标达到目标的满意程度，u_{ij} 趋近 0 为最不满意，u_{ij} 趋近 1 为最满意，所以有 $0 \leqslant u_{ij} \leqslant 1$。

由于陶瓷产业集群与区域经济发展处于两个相互作用的子系统，对子系统内各个序参量的有序程度的总贡献可通过集成方法来实现，在实际部门中一般采用加权平均法。

$$u_i = \sum_{j=1}^{m} \lambda_{ij} u_{ij} \qquad \sum_{j=1}^{m} \lambda_{ij} = 1 \qquad \text{公式（7-3）}$$

（二）耦合度函数

借鉴物理学中的容量耦合（Capacitive Coupling）概念及容量耦合系数模型，推广得到多个系统相互作用耦合度模型，即：

$$C_n = \left\{ \frac{u_1 \cdot u_2 \cdot \cdots \cdot u_n}{\prod (u_i + u_j)} \right\}^{\frac{1}{n}}$$

由此可以得到陶瓷产业集群与区域经济发展的耦合度函数：

$$C_2 = \left\{ \frac{u_1 \cdot u_2}{(u_1 + u_2)^2} \right\}^{\frac{1}{2}}$$ 　　　　公式（7-4）

耦合度值 $C \in (0, 1)$。

当 $C = 1$ 时，耦合度最大，系统之间或系统内部要素之间达到良性共振耦合，系统将趋向新的有序结构。

当 $C = 0$ 时，耦合度极小，系统之间或系统内部要素之间处于无关状态，系统将向无序发展。

当 $0 < C \leqslant 0.3$ 时，陶瓷产业集群与区域经济发展处于较低水平的耦合阶段。

当 $0.3 < C \leqslant 0.5$ 时，陶瓷产业集群与区域经济发展处于颉颃阶段。

当 $0.5 < C \leqslant 0.8$ 时，陶瓷产业集群与区域经济发展进入磨合阶段。

当 $0.8 < C < 1.0$ 时，陶瓷产业集群处于成熟阶段。

（三）耦合协调度模型

由于耦合度在有些情况下很难反映出陶瓷产业集群与区域经济发展的整体"功效"与"协同"效应，特别是在多区域发展对比研究的情况下，耦合度计算的上下限一般取自各个地区的基准年数和发展规划数，单纯依靠耦合度判别有可能产生误导，因为每个地区的陶瓷产业集群与区域经济发展都有其交错、动态和不平衡的特性。为此，构造陶瓷产业集群与区域经济发展耦合协调度模型，其目的是评判不同陶瓷产业集群与区域经济发展交互耦合的协调程度，其计算方法可见公式（7-5）与公式（7-6）[171]。

$$D = (C \cdot T)^{\frac{1}{2}}$$ 　　　　公式（7-5）

$$T = au_1 + bu_2$$ 　　　　公式（7-6）

式中，D 为耦合协调度；C 为耦合度；T 为陶瓷产业集群与区域经济发展综合调和指数，它反映陶瓷产业集群与区域经济发展的整体协同效应或贡献；a、b 为待定系数。在实际应用中，最好使 $T \in (0, 1)$，这样可以保证 $D \in$

（0，1），以便于使用。当然也可以对耦合协调度大致进行划分，一般认为：

当 $0 < D \leq 0.4$ 时，为低度协调的耦合。

当 $0.4 < D \leq 0.5$ 时，为中度协调的耦合。

当 $0.5 < D \leq 0.8$ 时，为高度协调的耦合。

当 $0.8 < D < 1.0$ 时，为极度协调耦合。

第三节　陶瓷产业集群—区域经济空间耦合评价

由上一节建立的指标体系和耦合程度评测模型，可对陶瓷产业集群与区域经济发展的耦合程度进行评测与分析。

一、评价样本及数据说明

本书选择景德镇陶瓷产业集群与区域经济评价样本。选择理由主要有三：一是景德镇陶瓷产业集群发展历史悠久，其形成演化阶段完整并鲜明，在陶瓷产业集群中最具代表性；二是在漫长的发展历史过程特别是近代发展历史过程中，景德镇陶瓷产业集群的兴衰与国家经济、区域经济的兴衰之间显现了极强的联系，陶瓷产业集群与区域经济发展之间耦合性明显；三是景德镇市一直非常重视陶瓷产业的统计，景德镇陶瓷产业集群数据的一致性、完整性强。

景德镇陶瓷产业集群与区域经济发展数据来源于景德镇市统计局、景德镇国家陶瓷文化传承创新试验区管理委员会办公室（简称"市瓷局"）、景德镇市文化广电新闻出版旅游局、景德镇科技局、中国陶瓷工业协会同志等部门与机构，各指标数据根据《景德镇统计年鉴》（2016~2023 年）、景德镇市《国民经济和社会发展统计公报》（2016~2022 年）和上述部门与机构网站公开数据以及部门内部统计数据等整理与测算，各指标数据时间跨度为2016~2022 年。

二、评价指标权重的确定

运用层次分析法，分别确定陶瓷产业集群发展评价指标体系和区域经济发展评价指标体系的指标权重。

（一）陶瓷产业集群发展评价指标权重确定

首先，根据陶瓷产业集群发展评价指标体系，建立递阶层次结构，如图 7-8 所示。

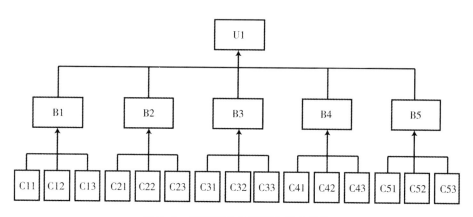

图 7-8　陶瓷产业集群递阶层次结构

其次，根据递阶层次结构编制成偶对比问卷（具体见附录 5、附录 6），运用专家调查法，再运用层次分析法专业软件——yaahp 软件计算后可得出各指标权重，如表 7-3 所示。

表7-3 陶瓷产业集群发展评价指标权重

一级指标	代号	权重	二级指标	代号	权重
集聚程度	JJ	0.2807	规模以上陶瓷企业单位数	DWS	0.7171
			陶瓷工业资产总额	ZCE	0.2172
			陶瓷产业从业平均人数	CYS	0.0658
竞争程度	JZ	0.0360	陶瓷产品市场占有份额	ZYE	0.6483
			陶瓷产业销售利润率	LRL	0.2297
			规模以上陶瓷企业单位数增长率	DWZ	0.1220
合作程度	HZ	0.0740	陶瓷产业货物周转量	ZZL	0.3196
			陶瓷产业贷款	TDK	0.1220
			陶瓷产业保险	TBX	0.5584
创新能力	CX	0.1305	陶瓷工业科技活动人员占比	KJR	0.2583
			陶瓷工业研发费用与主营业务收入比	YFF	0.1047
			陶瓷工业新产品产值率	XCP	0.6370
集群产出	CC	0.4789	陶瓷工业总产值	TZC	0.2297
			陶瓷工业增加值占 GDP 比重	ZBZ	0.6483
			陶瓷产品出口额	TCK	0.1220

（二）区域经济发展评价指标权重确定

以上述陶瓷产业集群发展评价指标权重确定方法步骤相同，首先，建立区域经济发展评价指标递阶层次结构，如图7-9所示。

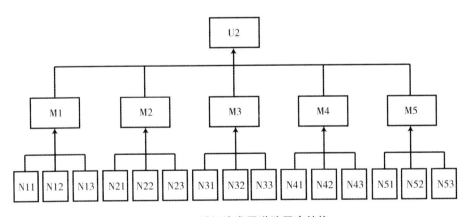

图7-9 区域经济发展递阶层次结构

其次，运用层次分析法专业软件——yaahp 软件计算后可得区域经济发展评价指标权重，如表7-4所示。

表7-4　区域经济发展评价指标权重

一级指标	代号	权重	二级指标	代号	权重
经济发展速度	SD	0.3028	GDP 增长率	GZZ	0.4270
			固定资产投资完成额增长率	TZZ	0.3230
			社会消费品零售总额增长率	XZZ	0.2500
经济运行质量	ZL	0.2603	全社会劳动生产率	QLL	0.7307
			规模以上工业企业主营业务利税率	ZLL	0.1882
			第三产业增加值增长率	SZL	0.0811
经济结构	JG	0.1440	第三产业占 GDP 的比重	SZB	0.6910
			就业结构优化度	YHD	0.0917
			工业化程度系数	GCD	0.2174
人均经济成果	CG	0.2598	人均 GDP	RJG	0.5651
			城镇居民人均可支配收入	RKZ	0.2236
			农村居民人均纯收入	RCS	0.2113
经济可持续发展	CX	0.0331	GDP 能耗降低率	NJL	0.7311
			城市化率	CHL	0.1873
			从业人口占比	CRB	0.0816

三、耦合度与耦合协调度计算

根据上述陶瓷产业集群—区域经济发展耦合测度模型，下文将对景德镇陶瓷产业集群—区域经济发展耦合进行评价与分析。

（一）景德镇陶瓷产业集群—区域经济发展耦合测度原始数据

根据上述陶瓷产业集群与区域经济发展评价指标体系，通过调研，获取、整理与计算得到景德镇陶瓷产业集群与区域经济发展评价指标原始数据，分别如表7-5与表7-6所示。

表7-5 景德镇陶瓷产业集群发展评价指标原始数据

代号＼年份	2016	2017	2018	2019	2020	2021	2022
DWS	83	102	105	112	117	129	203
ZCE	313.08	492.39	437.42	458.24	441.82	404.00	562.08
CYS	12.76	13.24	13.72	13.98	14.23	14.49	14.83
ZYE	2.57	2.95	3.33	3.71	4.09	4.47	4.85
LRL	6.69	5.89	5.28	4.93	4.79	5.14	5.56
DWZ	3.75	22.89	2.94	6.67	4.46	10.26	57.36
ZZL	12.57	14.25	17.83	17.74	16.29	6.57	7.48
TDK	59.63	74.40	140.86	109.54	130.49	152.84	202.45
TBX	0.64	0.77	0.99	1.06	1.12	1.11	1.27
KJR	1.49	1.64	1.79	1.95	2.10	2.25	2.41
YFF	1.73	1.82	1.91	2.00	2.09	2.18	2.27
XCP	13.58	13.40	13.21	13.03	12.84	12.66	12.47
TZC	367	372	402	423	432	516	665
ZBZ	10.38	10.82	12.22	11.51	11.61	11.37	12.84
TCK	2.56	2.87	3.18	4.62	2.45	2.09	5.16

表7-6 景德镇区域经济发展评价指标原始数据

代号＼年份	2016	2017	2018	2019	2020	2021	2022
GZZ	8.60	8.80	8.20	7.80	3.70	8.70	4.70
TZZ	13.40	13.50	11.20	10.40	8.40	9.40	8.10
XZZ	11.50	11.75	1.41	11.35	23.30	17.20	4.54
QLL	10.26	10.76	10.43	11.43	11.98	14.05	15.48
ZLL	8.57	7.55	6.77	6.32	6.15	6.59	7.13
SZL	12.43	23.91	0.41	17.38	4.61	14.21	7.24
SZB	37.10	43.98	45.81	49.16	49.76	49.34	48.93
YHD	77.60	78.70	79.60	80.40	81.20	82.10	82.80
GCD	48.62	42.37	40.53	40.05	38.40	36.18	35.49
RJG	51561	52910	50723	55228	59041	68049	73538

续表

代号 \ 年份	2016	2017	2018	2019	2020	2021	2022
RKZ	31418	34283	37183	40143	42283	45648	47732
RCS	13878	15065	16510	17985	19297	20996	22331
NJL	-3.70	-7.00	-5.30	-3.60	-0.10	-4.00	-3.30
CHL	61.82	62.60	63.28	64.08	65.02	65.94	66.48
CRB	50.76	50.48	50.20	50.06	49.35	48.41	47.49

（二）景德镇陶瓷产业集群—区域经济发展耦合评价指标功效系数

分别根据公式（7-1）与公式（7-2），计算景德镇陶瓷产业集群与区域经济发展评价指标功效系数，分别如表 7-7 与表 7-8 所示。其中，指标临界值根据 3σ 原则（拉依达准则）[170]，即

上限值 = $\mu + 3\sigma$

下限值 = $\mu - 3\sigma$

其中，μ 为样本均值，σ 为样本标准差。

表 7-7　景德镇陶瓷产业集群评价指标功效系数

代号 \ 年份	2016	2017	2018	2019	2020	2021	2022
DWS	0.3202	0.4087	0.4227	0.4554	0.4787	0.5346	0.8797
ZCE	0.1923	0.6133	0.4842	0.5331	0.4945	0.4057	0.7769
CYS	0.2156	0.3365	0.4574	0.5213	0.5853	0.6492	0.7346
ZYE	0.2500	0.3333	0.4167	0.5000	0.5833	0.6667	0.7500
LRL	0.8360	0.6155	0.4487	0.3514	0.3136	0.4099	0.5249
DWZ	0.3929	0.5677	0.3855	0.4195	0.3994	0.4523	0.8826
ZZL	0.4737	0.5389	0.6775	0.6739	0.6177	0.2416	0.2766
TDK	0.2600	0.3148	0.5614	0.4452	0.5229	0.6058	0.7899
TBX	0.2058	0.3185	0.4957	0.5555	0.5993	0.5952	0.7300
KJR	0.2500	0.3333	0.4167	0.5000	0.5833	0.6667	0.7500

代号＼年份	2016	2017	2018	2019	2020	2021	2022
YFF	0.2500	0.3333	0.4167	0.5000	0.5833	0.6667	0.7500
XCP	0.7500	0.6667	0.5833	0.5000	0.4167	0.3333	0.2500
TZC	0.3516	0.3606	0.4111	0.4476	0.4629	0.6061	0.8601
ZBZ	0.2474	0.3424	0.6500	0.4935	0.5166	0.4643	0.7858
TCK	0.3894	0.4373	0.4852	0.7079	0.3723	0.3166	0.7914

表 7-8　景德镇区域经济发展评价指标功效系数

代号＼年份	2016	2017	2018	2019	2020	2021	2022
GZZ	0.3357	0.3866	0.3443	0.4504	0.4918	0.6856	0.8056
TZZ	0.7263	0.7344	0.5467	0.4813	0.3181	0.3997	0.2936
XZZ	0.4981	0.5042	0.2501	0.4944	0.7880	0.6381	0.3271
QLL	0.3370	0.3828	0.3522	0.4436	0.4931	0.6808	0.8105
ZLL	0.8360	0.6155	0.4487	0.3514	0.3136	0.4099	0.5249
SZL	0.5218	0.7798	0.2519	0.6331	0.3463	0.5618	0.4053
SZB	0.1395	0.4091	0.4810	0.6121	0.6357	0.6194	0.6031
YHD	0.2338	0.3405	0.4279	0.5055	0.5832	0.6706	0.7385
GCD	0.8414	0.5870	0.5119	0.4925	0.4254	0.3349	0.3069
RJG	0.3540	0.3815	0.3369	0.4288	0.5065	0.6902	0.8021
RKZ	0.2451	0.3321	0.4202	0.5100	0.5750	0.6772	0.7404
RCS	0.2592	0.3284	0.4126	0.4986	0.5751	0.6741	0.7519
NJL	0.4865	0.7692	0.6236	0.4780	0.1781	0.5122	0.4523
CHL	0.2556	0.3358	0.4070	0.4902	0.5880	0.6837	0.7398
CRB	0.6837	0.6425	0.6001	0.5792	0.4713	0.3312	0.1921

（三）景德镇陶瓷产业集群—区域经济发展耦合度

根据公式（7-4）计算景德镇陶瓷产业集群与区域经济发展耦合度，可得景德镇陶瓷产业集群—区域经济发展耦合度，如表7-9所示。

表 7-9　景德镇陶瓷产业集群—区域经济发展耦合度

年份	2016	2017	2018	2019	2020	2021	2022
耦合度	0.4979	0.4996	0.4928	0.4998	0.4999	0.4959	0.4990

（四）景德镇陶瓷产业集群—区域经济发展耦合协调度

根据公式（7-5）与公式（7-6），取 $a = 0.5$，$b = 0.5$，计算景德镇陶瓷产业集群与区域经济发展耦合协调度，可得景德镇陶瓷产业集群—区域经济发展耦合协调度，如表 7-10 所示。

表 7-10　景德镇陶瓷产业集群—区域经济发展耦合协调度

年份	2016	2017	2018	2019	2020	2021	2022
耦合协调度	0.4283	0.4661	0.4716	0.4941	0.5027	0.5245	0.5895

四、结果分析

从景德镇陶瓷产业集群与区域经济发展耦合度结果来看，2016~2022 年，景德镇陶瓷产业集群与区域经济发展耦合度值均在 0.4 和 0.5 之间，说明景德镇陶瓷产业集群与区域经济发展的耦合度均处于颉颃阶段，显现出较强的交互耦合关系。从景德镇陶瓷产业集群与区域经济发展耦合协调度结果来看，2016~2019 年，景德镇陶瓷产业集群与区域经济发展耦合协调度在 0.4 和 0.5 之间，为中度协调；2020~2022 年，景德镇陶瓷产业集群与区域经济发展耦合协调度在 0.5 和 0.6 之间，为高度协调，可见景德镇陶瓷产业集群—区域经济发展耦合协调度在持续提升，如表 7-11 所示。

表 7-11　景德镇陶瓷产业集群—区域经济发展耦合情况

年份	2016	2017	2018	2019	2020	2021	2022
耦合度	0.4979	0.4996	0.4928	0.4998	0.4999	0.4959	0.4990

年份	2016	2017	2018	2019	2020	2021	2022
耦合阶段	颉颃	颉颃	颉颃	颉颃	颉颃	颉颃	颉颃
耦合协调度	0.4283	0.4661	0.4716	0.4941	0.5027	0.5245	0.5895
协调程度	中度	中度	中度	中度	高度	高度	高度

　　景德镇陶瓷产业集群与区域经济发展耦合度结果表明，景德镇陶瓷产业集群与区域经济发展之间存在着较强的耦合关系，且这种耦合关系是比较协调的，且近年来这种协调性还在逐渐提高。

第八章 陶瓷产业集群
—区域经济耦合发展战略

基于景德镇陶瓷产业集群—区域经济耦合发展的关系，着眼于促进陶瓷产业集群与区域经济的互动发展，分别从地方政府角度与景德镇陶瓷产业集群角度，提出景德镇陶瓷产业集群—区域经济耦合发展战略的建议。

第一节 地方政府角度

产业集群是工业化发展到一定阶段的必然产物，是产业竞争力的重要来源和集中体现，也是区域经济水平提升和发展的结构性动力源泉。发展产业集群是工业发展升级的必由之路，已成为世界经济发展的主流之一。在国家制定《中国制造2025》、提出实施制造强国战略的背景下，产瓷区地方政府必须从经济发展战略方式的高度来认识陶瓷产业集群，并在本地经济发展过程中大力实施陶瓷产业集群发展战略。

一、规划与发现陶瓷产业集群，为区域经济发展培育经济增长点

一方面，产瓷区地方政府要科学制定区域产业集群发展规划，结合区域实际与比较优势培育、发展陶瓷产业集群。产瓷区地方政府应该立足本区域

经济实际，摸清陶瓷产业发展状况，从本区域的区域发展目标与任务出发，针对本区域的经济发展情况尤其是产业发展特点、比较优势，遵循产业发展规律，并参考国内外产业集群的规划发展成功经验，尤其是参照佛山的成功模式，科学制定本区域陶瓷产业集群发展规划，合理利用资源，因地制宜发展陶瓷产业集群，实行地区贸易一体化；并在此格局中发挥全国产业的一致协调性，产生整体效益，形成区域经济发展的增长点，让陶瓷产业集群成为促进区域经济发展的引擎。

另一方面，产瓷区地方政府要及时发现自发形成中的陶瓷产业集群，引导其健康发展。对于自发形成的陶瓷产业集群，政府要及时发现，并采取多方面的措施，引导其健康发展。一是要建设优化产业集群道路、绿化、公共设施等，提升陶瓷产业集群发展的区位优势与改善陶瓷产业集群发展的基础设施状况；二是要加大对陶瓷产业集群的技术创新投入，并推动银行等金融机构对陶瓷产业集群发展的支持，改善陶瓷产业集群的资金投入状况与金融环境；三是要出台有利于陶瓷产业集群发展的优惠政策，吸引、促进优质陶瓷企业、大型龙头陶瓷企业及上下游相关与配套企业、相关科研机构来集群落户，壮大陶瓷产业集群。在这方面，景德镇陶瓷特色商业街的形成，就是一个很典型的范例。

二、推进资源整合，壮大陶瓷产业集群，强化区域经济发展引擎

产瓷区地方政府要致力于推进资源整合，壮大陶瓷产业集群，强化区域经济发展引擎，具体可考虑以下三个途径：

（一）发展壮大景德镇陶瓷集群主体

深入开展企业梯次培育行动，实施陶瓷产业龙头企业引培工程，培育打造重点企业、重点项目。围绕"高大上""链群配"的招商思路，聚焦引进世界500强、行业500强、知名跨国公司的大项目和"专、精、特、新"的

好项目，促进景德镇市陶瓷产业集群产业链延链强链补链，吸引和聚焦上下游企业组团式投资，形成集群化发展的优质项目、亮点项目。要加快体制改革和联合重组步伐，通过实行强强联合、优势互补，甚至通过引进外资、合资嫁接等途径，加速进行资产重组、并购等步伐，形成一批具有较强竞争力的陶瓷龙头企业或企业集团。着力扶持做大一批文化骨干企业，支持"专、精、特、新"陶瓷文化创意企业，孵化一批有市场发展潜力的小微陶瓷文化企业。实施陶瓷品牌发展战略，扩大"景德镇""红叶""龙珠阁"等老字号的影响力，打造一批具有核心竞争力的自主品牌；加强对陶瓷名企名匠的宣传推介，提升文化产业平台建设水平；推进陶溪川文创街区等一批国家级、省级特色文化产业示范园区（基地）建设，做强国家日用及建筑陶瓷工程技术研究中心等国家级创新平台，提升基地辐射能级和示范作用。

（二）建设集群企业之间的良性内外关系

从我国陶瓷产业集群内企业的竞合关系来看，它们之间的联系建立在浅层次上，主要在于物质资源、基础设施和劳动力的共享，而深层次的合作，如合作研发、合作营销、共建品牌等尚开展不足；并且企业之间横向的同质竞争很强，纵向的价值链合作有待强化。集群内企业应该利用集群的关系嵌入和结构嵌入优势，凭借低交易成本的各种市场有效需求信息的搜寻、传递，实现生产体系与消费体系的有效匹配和适度契合，形成新型的竞合关系和企业间的良性互动。我国陶瓷产业集群由于对区域自然资源过于依赖和资源型产业集群的单向线性结构特征，趋于形成一个闭环系统，从而导致与外界的交流和联系不足，容易形成根植性和路径依赖，导致认知锁定，使陶瓷产业集群陷入衰退困境。为防止过度根植，区内企业应向外寻求竞争与合作，引入新的信息，保持认知差距。

（三）发展陶瓷工业园的特色园区经济

园区经济实质上是在条件优越的划定区域内，精心营造一个优良的"小环境"，实施优惠政策，招商引资，建立特色工业园以发展地区经济。在特色工业园区内，企业具有较强的资源整合能力和新陈代谢能力，对外界的刺激反应灵敏，能够迅速察觉市场的需求信息，并将其新技术转化成产品或服务且同时推向市场。具有"弹性专精"优势。陶瓷工业园区的发展必须遵循经济规律，从培育区域企业竞争优势和产业竞争优势角度出发，构建地区环境优势，促进区域经济增长。考虑到我国陶瓷生产、销售、研究，以及人才、信息、资本等支撑要素，应该以市场为依托来发展特色工业园区，即在建设和发展各类特色陶瓷工业园时，应该在发展陶瓷专业化生产集群的同时，积极开拓和开发市场，建立与之相配套的贸易集群（或专业化市场），充分发挥两者的联动作用，实现陶瓷生产和陶瓷销售贸易的共同发展、均衡发展，进而促进陶瓷业的可持续健康发展。此外，陶瓷工业园区建设要优先选择现有的或具有形成产业集群可能性高的区域，要充分考虑具有支撑产业发展的独特优势的地区，中国已经形成了几大陶瓷主产区，而且在长期发展中这些地区也形成了自己的典型特色，再加上各地独特的自然资源和社会资源优势，所以在发展陶瓷工业园区时也应该积极利用现有的集群资源，更充分地发挥其本身已经形成的集群优势。

三、推进政府主导的集群式区域创新体系的建立与发展

尽管陶瓷产业集群创新网络的形成与发展是一个渐进式的自组织过程，但这并不是意味着不需要政府参与陶瓷产业集群创新网络建设；恰恰相反，陶瓷产业集群创新网络的形成与发展离不开政府作用的发挥，地方政府要从以下三个方面引导建立陶瓷产业集群创新体系，从而完善区域创新体系，建立和发展由政府主导的集群式区域创新体系。

（一）加强陶瓷区域创新体系结构下的产业集群技术创新能力建设

首先，地方政府要组织区域创新机构与创新资源，融入陶瓷产业集群技

术创新能力建设。其次，地方政府要组织陶瓷产业集群企业共同组建以"资源共享、合作创新、成果共享"为特征的陶瓷产业集群创新区域性网络，提高陶瓷产业集群技术创新能力并加快创新成果的推广和使用效率。最后，地方政府要推出创新成果的保护规章与制度。

此外，还要加大对科技、教育等领域的投入，强化提升集群技术创新能力。政府应大力扶植区域研究体系，发挥研究的知识外溢效应，成为区域产业集群的动力支持。区域政府要鼓励同一产业的企业组织起来，形成一个区域性网络，通过业务衔接、资源共享、经验交流等形式降低经营成本，提高整个产业的效率；在信息自由交流的体制下促进创新的不断出现，缩短科研成果的转化周期。

（二）营造良好的创新文化氛围，推进创新观念的更新与进步

地方政府要积极营造有利于培育本地企业家和鼓励创新的产业文化氛围。区域创新体系的发展和完善需要政府加强对本地企业家的培育，另外，创新网络的有效运行和区域创新效率的提高离不开良好的创新文化的形成。地方政府要鼓励创新知识与创新资源的合理流动与配置，营造"鼓励尝试、宽容失败"的创新文化氛围，促进有利于创新合作的信任环境和有利于企业家形成的文化环境的形成。信任是创新网络得以形成和有效运作的基础。信任的缺失将极大地影响创新系统的有效运转，对区域创新能力的提高产生阻碍，因此，政府及相关机构必须采取相应的政策，以营造有利于创新合作的信任环境。

（三）促进区域合作创新制度体系的形成和不断完善

地方政府要制定有利于区域合作创新的制度。制度创新是生产关系调整和体制变革，它为各类创新活动主体追求持续创新提供必要的制度保障，有利于提高创新及经济运行的效率。在市场竞争中，要促使创新主体间主动交流合作，必须要有规范化和制度化的组织机构，以平衡各方利益，从而降低

其交流障碍。如果不能在法律制度、道德规范上为交流合作各方之间的信任建立保障，则必然会使创新主体间存在过多的猜忌防备，影响合作的进行。因此，地方政府要从合作创新的动力来源、机理、政策保障等多方入手，制定和推出有利于区域合作创新的制度，促进合作创新制度体系的形成和不断完善。与此同时，互惠是合作关系得以维持和发展的关键，建立在互惠之上的合作才具有持久性。政府可以通过对集体行为的规范和合作报酬机制的设定来平衡企业间的利益，达到企业间在合作中的互惠互利。

四、加强陶瓷产业集群发展的政策扶持与产业配套建设

产业集群的发展涉及诸多的经济政策，如土地、税收、外贸、科技、中小企业发展、项目审批、投融资体制等。因此，地方政府在制定产业集群发展政策时，必须注重对陶瓷产业集群相关政策的扶持。

（一）推行更加积极的产业扶持政策

统筹用好财政资金政策，支持基地完善公共服务体系，探索建立陶瓷文化产业发展引导资金，充分发挥政府财政资金的杠杆作用，激发社会资本、金融资本和国有资本在景德镇市文化领域的投资活力。加强金融服务体系建设，支持和引导银行金融机构加强对景德镇市陶瓷企业的融资支持，创新金融产品和服务。推动落实国家对服务出口实行零税率或免税政策，鼓励扩大景德镇市陶瓷文化产品和服务出口。认真落实、用足用好国家和省、市支持文化贸易发展的各项优惠政策。加大文化建设投入力度，增加文化遗产保护经费投入，设立景德镇陶瓷文创产业基金，支持陶瓷文创产品开发和创意设计；鼓励通过政府购买、消费补贴等途径，引导和支持陶瓷文化企业提供更多文化产品和服务；贯彻落实中央、省委对文化产业发展的税收、土地、工商管理等优惠政策，包括落实和完善有利于景德镇陶瓷文化内容创意生产、非物质文化遗产项目经营的税收优惠政策。要完善公共产品和服务的提供，

要吸引外资进入并促进对外投资，加强公共基础设施建设和市场环境建设，促进产学研合作研发关键共性技术，打造信息化公共服务平台；主动对外招商引资，定期设立陶瓷博览会和组织参加国外展览会，使国内企业有更多机会接触全球价值链上的高端集群和企业，使它们达成合作意向；促进陶瓷文化企业"走出去"对外投资，充分利用当地丰富廉价的人力、原料等资源以及投资和贸易自由化的优势，包括享受出口到欧美发达国家免配额等优惠待遇，通过实现产业在全球范围内的配置，从而有效规避贸易摩擦和针对我国陶瓷产品反倾销。

（二）加强产业集群配套产业建设

产业集群的发展壮大，不仅需要主体产业的迅速成长，而且需要相关配套产业的共同发展。因此，在景德镇陶瓷产业集群内大力发展陶瓷生产产业的同时，还必须有目的、有针对性地引进和培育陶瓷机械、原料、化工、模具、包装等配套企业，完善配套产业体系和产业链。同时，鉴于陶瓷产品的特殊性，能够为陶瓷企业提供专业化服务的第三方物流企业将会为景德镇陶瓷产业集群优化升级提供有力支撑。提高效率、降低成本是现代物流系统的一大优势。此外，在一个完整集群系统中，中介机构的作用不容忽视。在促进企业沟通交流、知识技术转移、市场信息传播以及协调各方关系等方面，中介组织均扮演着重要的角色。根据景德镇陶瓷集群的发展状况，并结合实际需要，整合已有的陶瓷协会、陶瓷商会等组织，成立其他类型中介组织，为陶瓷企业提供更加优质、更加周到的服务，进而推动景德镇陶瓷产业集群进一步发展。

五、推进景德镇产业集群贸易交流网络平台建设

推进景德镇产业集群贸易交流网络平台建设，为创新景德镇产业集群营销贸易打通"最后一公里"。

（一）深度推动景德镇跨境电商综合试验区建设

跨境电商是我国外贸新业态、新模式的具体体现，也是外贸转型升级的重要方向。作为跨境电商试验区的"新兵"，景德镇需要借鉴其他城市的经验，推动跨境电商全业务运行、全模式覆盖、全链条打通。加快建设线上平台，与国内具有成功经验的电商平台合作，根据景德镇陶瓷文化特色，建设具有景德镇陶瓷文化特色的线上电商平台。加大线下相关设施建设力度，在物流、仓储、通关等方面进一步简化流程、精简审批，推进包容审慎有效的监管创新，推动国际贸易自由化、便利化。推动支持景德镇建设国家一类航空口岸，进一步推动做大跨境贸易市场，拓宽国际交流渠道，助力试验区打造对外文化交流新平台。

（二）建设完善景德镇国际化营销贸易网络平台

精心办好中国景德镇国际陶瓷博览会（简称"瓷博会"），将瓷博会打造成具有国际国内广泛影响力的国家级文化展会品牌，探索瓷博会与其他国家、地区合作举办、轮流举办的模式，推动瓷博会设立海外分会场，提升国际影响力。高标准建设运营陶博城，支持陶博城建设成集展览、交易、文旅于一体的永不落幕的"不夜城"。巩固全国版权示范城市创建成果，推动国家陶瓷版权交易中心建设，办好第九届中国国际版权博览会，打造全国版权示范城市"景德镇样板"。推动设立海外陶瓷产品仓，建设景德镇产业集群国际化贸易交流网络。引进国内外知名经纪、拍卖、画廊等机构，拓展艺术陶瓷贸易渠道。

六、促进区域经济发展的一体化

以建立产业结构优势互补、市场充满活力、资源共享的区域经济共同体为目标，推进区域经济的一体化发展。具体包括以下三个方面：

（一）推进区域产业一体化的一体化发展

要合理确定区域内的主导产业与支柱产业，加强产业间的联系与合作，强化产业关联效应，推动以产业链为纽带、主导产业与支柱产业明晰、产业联系紧密并相互促进的产业一体化体系的形成与健康发展。

（二）推进区域市场的一体化发展

要以形成有机统一的产品、产权、资本、技术与劳动力市场为目标，推动产品市场高度发达、资源要素充分流动的开放式的市场一体化体系的形成与健康发展，促进产业集群的资源共享效应、技术创新外溢效应的不断提高。

（三）推进区域信息一体化发展

要统一区域信息的发布，包括各种常用信息、统计信息、宣传信息，推进区域信息资源的统一发布和共享，促进区域信息的一体化发展。要制订和实施"互联网+"陶瓷产业集群建设行动计划，加强陶瓷产业集群光纤宽带网络和移动通信网络建设，推动移动互联网升级、宽带互联网扩容、"三网融合"，不断完善信息基础设施建设，促进云计算、大数据、物联网等新一代信息技术在陶瓷产业集群中的应用。把信息化渗透到陶瓷产业集群价值链的全过程，实现网络立体式深度融合，将产前、产中、产后三大环节整合在共同的网络化信息平台上，打造智能化陶瓷产业集群。

第二节　陶瓷产业集群角度

产业集群从整体出发挖掘特定区域的竞争优势。产业集群突破了企业和单一产业的边界，着眼于一个特定区域中，具有竞争和合作关系的企业、相关机构、政府、民间组织等的互动。从产业集群的角度，应从一个区域整体来系统思考经济、社会的协调发展，考虑邻近地区间的竞争与合作，发展构成特定区域竞争优势的陶瓷产业集群。

一、优化竞争、合作与创新关系，促进景德镇陶瓷产业集群良性生态

良性生态关系是产业集群能行稳致远的前提与保障。要发展优化景德镇陶瓷产业集群竞争、合作与创新的良性生态关系。

（一）强化差异化竞争战略

景德镇陶瓷企业要强化差异化竞争战略意识，避免企业间的同质竞争。我国陶瓷产业是劳动密集型产业，企业产品存在很大程度上的同质性，导致行业内竞争异常激烈，利润压缩，但由于陶瓷生产设备专用性很强，企业退出壁垒高，即使行业利润稀薄，企业仍不愿意退出，使得企业过度竞争并使整个行业遭到破坏。在这种情况下，企业尤其有必要实施差异化战略。差异化产品战略涉及三个方面：建立什么样的产品差异、在什么地方建立产品差异以及以何种方式建立产品差异，这就要求景德镇陶瓷企业首先进行市场细分，根据营利前景、竞争势态等外部环境因素和企业自身的资源能力及技术能力选择恰当的目标市场和目标顾客群，再以此为基础提供目标顾客认为物有所值的产品或服务。

（二）强化根植本地意识与发展战略

对陶瓷产业集群而言，必须要强化根植本地意识，认识到根植本地在其发展战略中的意义，自觉地融入当地经济活动之中，形成根植本地的发展战略。陶瓷产业集群之中，要营造一种产业氛围，培养企业文化的共同认同感。文化认同是企业在文化上的一种归属感。每一个成员企业应该认识到，区域竞争力对自己的竞争优势有举足轻重的影响。自己所属的区域文化如何，企业文化就应如何，企业文化应该与区域文化相协调，植根本地就是立足本地、扎根本地，将企业的生产、研究、开发都置身于与周围企业的联系之中。如果一家企业完全依赖外地市场，很少与当地企业发生联系，那么，聚集效应

就无法产生，对当地的技术创新能力带来不利影响。

（三）稳步推进产学研技术创新合作联盟建设

创新产学研结合的组织模式和运行机制。作为产学研结合的高级形式，产业技术创新联盟必须得到充分有效的政策支持。创新国家科技计划实施方式，明确发展重点，选择陶瓷工业中起主导作用的核心技术进行攻关，集中力量实现技术突破和创新。坚持以陶瓷产品市场需求和产业技术创新需求为导向，以形成国家核心竞争力为目标，以核心生产企业为主导，开展产业技术创新链建设试点，积极推动产学研创新战略联盟的构建，促进产业技术创新链的形成，提升产业的核心竞争力；基于各区域陶瓷产业差异化的发展状况和特点，推动构建区域性产学研技术创新联盟；推动企业和科研机构联合共建实验室、工程中心等，开展产业关键共性技术突破及工程化研究等，促进陶瓷核心技术的应用转化。充分运用市场机制调动产学研各方积极性，发挥重点企业的龙头带动作用，贴合市场需求提出创新规划；发挥科研机构在行业技术创新中的骨干和引领作用，推动核心工艺技术应用转化；发挥高校和科研机构作为技术创新的源头作用，加强关键共性技术研究攻关；激发中小企业的创新活力，不断完善和发展技术创新链和产业链。

（四）大企业主导推动关键性技术的创新和扩散

陶瓷产业集群属于中卫型结构的产业集群，大企业充当整个集群的集散节点，具有广泛的网络关系，其发展对于集群内其他中小企业以至于整个集群都具有带动作用。目前在我国陶瓷产业集群中，创新主要依靠企业自身的力量进行研发和科研成果的转化，大学、科研机构和研究院所的作用还没有充分发挥。大企业由于有雄厚的资金支持、与外界的广泛联系以及较多的人力资本，易于首先进行创新，因此创新总是先从大企业开始的。其他中小企业要利用地理邻近和关系邻近的集聚优势，主动建立与大企业的联系，学习模仿新技术，使创新在整个集群内得到扩散和传播，从而使整个集群的创新能力得到提升。

二、科技、技术、经济要素驱动，实现景德镇陶瓷产业集群产业链升级

结合当下社会经济发展，充分发挥科技、信息、文化要素驱动力量，推进景德镇陶瓷产业集群产业链升级。

（一）推进工艺与产品升级，提升企业竞争力

在生产工艺升级方面，景德镇陶瓷产业集群应改进传统的生产工艺路线，并通过引进先进工艺设备不断进行技术革新，当前主要以陶瓷原料加工和陶瓷烧成两大工艺为突破口，推进技术创新。陶瓷原料从专业化生产入手，积极组织各种高、中、低温原料的技术攻关，逐步实现原料生产标准化、系列化、精制化；推广烧成新工艺，开发节能、高效、环保窑炉，限期淘汰落后窑炉。通过大力提高陶瓷生产工艺水平，实现陶瓷生产工艺升级。在产品升级方面，要从提高产品质量，改进产品外观，增加花面、器型等方面进行产品升级。探索运用先进的高新技术和文化元素对陶瓷制品进行创新创造，提升产品的文化内涵和附加值，依靠技术水平和文化创意设计提高陶瓷产品生产与市场的互动协同能力，创造和满足差异化的细分市场需求。发展基于互联网的个性化定制、众包设计等新型制造模式，推动形成基于消费需求的研发、制造和产业组织方式。依托优势特色产业集群，着力打造一批综合实力强的自主品牌，健全品牌价值体系，引导消费升级。

（二）加强工业设计能力建设，实现功能优化升级

要加强陶瓷工业设计机构建设，鼓励大型生产企业设立独立的工业研究设计企业。在具有国际竞争力和影响力的几个重点领域开展创新设计示范，全面推广应用以绿色、智能、协同为特征的先进设计技术。依托各地重点陶瓷产业集群和骨干企业，建设公共技术服务平台。提高陶瓷产业工业设计创

新水平。支持基于新技术、新工艺、新装备、新材料、新需求的设计应用研究，推动制定设计行业标准、国家标准和国际标准。鼓励发展网络协同设计、众包设计、虚拟仿真、3D打印等互联网工业设计新模式、新技术，将互联网技术与传统生产工艺有机结合，实现产业的智能化、数字化、信息化建设。引导陶瓷工业设计向产品内涵设计、品牌营销设计、供应链管理等领域拓展，向高端综合设计服务转变，加强产品外观、结构、功能设计，提升设计竞争力，推动企业生产向产业链"微笑曲线"两端提升。

（三）推进景德镇陶瓷文化创意产业发展，实现价值链优化升级

发展陶瓷创意产业将成为提升景德镇陶瓷产业集群竞争优势的关键。针对现代社会与国际企业生产、发展趋势，景德镇发展陶瓷文化创意产业可围绕"品牌主导、时尚当先，艺术概念、现代手工，技术优势、承古创新"方针进行。

品牌主导：走出长期以来商业品牌建设强调"服务""质量""理念"的误区，基于对文化符号、艺术符号的阐释，建设商品可识别系统、企业可识别系统等一整套现代品牌发展创新的运营方式。

时尚当先：以人才为核心，注重产品的时尚性、现代性、文化性、科技性，将产品的设计、生产纳入现代社会时尚运行的机制中，才能捕捉消费者的心理动向，从而创造客观的利润。

艺术概念：利用景德镇优势艺术资源，结合本土特色与国际趋势，发展出极具中华文化的时尚概念是景德镇未来发展陶瓷文化创意产业的主要核心。

现代手工：利用景德镇精湛的手工艺，打造世界陶瓷手工艺中心，将高端的"高级定制"市场纳入景德镇陶瓷文化创意产业的发展之中，以取得高利润、高回报、高品牌的良性循环。

技术优势：加强技术创新与知识产权保护，维护景德镇文化创新、技术创新的活力之源。

承古创新：注重历史文化的创新与发展，在产品设计、艺术创作的基础上，进一步对历史文化进行现代性再加工，挖掘新的历史符号与文化符号，从而实现"承古但不泥古，创新而不全新"的现代文化创意理念。

三、发展形成"景德镇"地域品牌带动企业产品品牌态势，打造景德镇陶瓷产业集群一体化品牌体系

充分利用"景德镇"地域品牌优势，带动景德镇陶瓷企业产品品牌发展壮大，打造景德镇陶瓷产业集群一体化品牌体系。

（一）完善"景德镇"证明商标管理，加强"景德镇"区域品牌保护

瓷器易碎，所以人们倍加珍惜。同样，好的名声也是易碎的。"景德镇"作为一个著名区域品牌，是一代代景德镇陶瓷从业者留下的宝贵财富。自20世纪80年代初期景德镇陶瓷产品的"水货"在中国香港、澳门市场出现以来，"景德镇"陶瓷区域品牌在国内和国际市场的声誉每况愈下。目前，"景德镇"证明商标已由国家市场监督管理总局认定为中国驰名商标，必须采取切实措施加以充分利用和保护。凡使用"景德镇"证明商标的均应是景德镇生产的中高档陶瓷产品。要建立"景德镇"证明商标使用行业管理规范制度。规范和管理好民间陶瓷外出展销活动，切实维护景德镇陶瓷的声誉。采取切实可行措施，搞好《景德镇陶瓷艺术作品证书》和《陶瓷专利产品证书》的管理工作，严厉打击假冒伪劣产品，维护和规范好陶瓷市场秩序。

（二）推进品牌发展战略，打造景德镇陶瓷产业集群高端企业产品品牌群

名牌是一个国家软实力的象征，一个国家所拥有的顶级名牌产品（奢侈品）越丰富，就意味着这个国家的经济、技术、文化实力及所形成的综合创造价值能力越强大。景德镇陶瓷天然就有成为奢侈品的特质，要充分利用景德镇陶瓷区域品牌的"金字招牌"，以培育和发展企业名牌为目标，推进企业产品品牌建设。企业可从以下方面着手，推进产品品牌建设：一是做好品牌定位。这是企业品牌建设的重要基础，企业要充分考虑到自身产品的特点、

市场需求现状与趋势、消费者心理等因素，确定品牌的核心发展理念。二是培育品牌文化。企业要以传达企业的精神内核与文化底蕴，塑造企业产品品牌的价值为使命。三是塑造企业产品品牌形象。企业要从感染力、易记性、识别度与美感等方面，塑造好企业产品品牌形象。四是进行产品品牌推广。企业要采取广告、促销、公关等多样化方式，向社会进行产品品牌推广。五是加强品牌管理。企业要做好产品质量管理，并向消费者与目标客户提供良好的服务体验等，以获得良好的品牌口碑。景德镇陶瓷产业集群要以"大力推进注册商标，认真抓好知名商标，重点突破驰名商标，梯次培育著名商标，系列注册传统名瓷商标"的陶瓷品牌发展思路和梯次培育要求，推进陶瓷企业品牌发展战略，打造景德镇陶瓷产业集群高端品牌群。

四、加强与其他产瓷区陶瓷产业集群的合作

当前，我国陶瓷产业集群同时面临着国内不同陶瓷产区之间及与其他陶瓷生产国家之间的双重激烈竞争。然而各产瓷区的创新能力都很薄弱，彼此之间的竞争主要是同质产品价格竞争，价格厮杀导致利润空间被压缩。但由于陶瓷产业资产专用性比较强，退出壁垒很高，因此即使利润微薄，企业也不愿意退出，形成陶瓷产业发展的恶性循环，这种情形下，国内企业根本无法应对外国企业的挑战。我国各陶瓷产业集群应加强协作，加强国内集群间的制度、文化环境建设，减少机会主义，为价值的保持和创造提供良好的制度文化环境保证，从而积蓄本土集群在价值链中重新定位的力量。依托各自区域的内生优势，在全球市场上寻找各自的细分市场机会，改变各自在价值链中嵌入的位置和组织方式，实现国内集群在全球价值链中定位的多元化。变"多集群"模式的"同质竞争"为"异质互补"，带动集群的持续升级。

五、将企业发展与环境保护有机结合，促进经济与环境、社会和谐发展

陶瓷行业作为传统的高耗能、高污染行业，在产业发展过程中会导致较为严峻的环保问题。随着可持续发展理念的不断深入，陶瓷产业集群发展必须摆脱传统陶瓷行业"先污染后治理"和"边污染边治理"的思路，要将环境保护融入企业发展之中，规避产业发展过程中可能存在的环境问题。首先，进一步提升材料研发力度，从材料上控制陶瓷企业生产对环境可能造成的消极影响；其次，进一步加大陶瓷制造工艺研究，减少水、能源的使用，在此过程中控制三废的排放量；再次，做好研发和生产过程中三废的处理工作，按照《GB25464-2010陶瓷工业污染物排放标准》，努力将自身发展成为环境友好型企业；最后，做好陶瓷寿命结束时的回收研究，进一步挖掘陶瓷的二次价值。

参考文献

［1］江西省轻工业厅陶瓷研究所. 景德镇陶瓷史稿 ［M］. 北京：三联书店出版社，1959.

［2］中国硅酸盐协会. 中国陶瓷史 ［M］. 北京：文物出版社，1982.

［3］郑鹏. 景德镇瓷艺纵观 ［M］. 南昌：江西科学技术出版社，1990.

［4］霍华. 陶瓷述古 ［M］. 上海：上海文化出版社，2004.

［5］朱青，王伟，杨建仁. 古代景德镇陶瓷业的历史演变 ［J］. 西华大学学报（哲学社会科学版），2017（3）：18-22.

［6］许剑雄，余慧. 景德镇陶瓷产业的发展现状 ［J］. 佛山陶瓷，2014（5）：59-62.

［7］刘善庆. 景德镇陶瓷特色产业集群的历史变迁与演化分析 ［M］. 北京：社会科学文献出版社，2016.

［8］洪华山. 浅谈景德镇陶瓷传统手工成型的传承与发展 ［J］. 景德镇陶瓷，2016（3）：19.

［9］王健. 基于景德镇手工制瓷技艺的生产性保护探析 ［J］. 江西科技师范大学学报，2012（5）：12-15+28.

［10］张道一. 中国民艺的现状与未来 ［J］. 美术观察，1997（2）：11-13.

［11］中华人民共和国国民经济和社会发展第十四个五年规划和 2035 年远景目标纲要 ［N］. 人民日报，2021-03-13.

［12］杨建仁，仇馨，王纪钢，等. 景德镇手工制瓷技艺传承的当代困惑与对策［J］. 中国陶瓷工业，2021（6）：64-67.

［13］钱学森，许国志，王寿云. 组织管理的技术——系统工程［M］. 长沙：湖南科学技术出版社，1988.

［14］顾基发. 物理事理人理系统方法论的实践［J］. 管理学报，2011，8（3）：317-322+355.

［15］顾基发，唐锡晋，朱正祥. 物理—事理—人理系统方法论综述［J］. 交通运输系统工程与信息，2007，7（6）：51-60.

［16］周欢，刘家国. 港口危化品物流风险管理的 WSR 模型研究［J］. 管理评论，2021，33（5）：32.

［17］朱志昌. 物理事理人理方法论国际交流的启示［C］//Systems Engineering, Systems Scienceand Complexity Research—Proceeding of 11th Annual Conference of Systems Engineering Society of China. Systems Engineering，2000：149-164.

［18］蔡好狄. 非物质文化遗产保护标准体系研究——以景德镇传统手工制瓷技艺为例［D］. 南昌大学博士学位论文，2018.

［19］戚俊娣，贾连堃. 文化自信视域下的文化认知研究——基于 WSR 原理对群众体育文化的分析［J］. 山东社会科学，2021（11）：138-142.

［20］张蓓，刘人怀. 基于 WSR 方法论的都市农业旅游可持续发展研究［J］. 中国农业资源与区划，2009，30（6）：42-46.

［21］李国. 基于 WSR 方法论的群众体育系统影响因素与评价模型研究［J］. 体育科学，2012（4）：29-34.

［22］张鸿雁，宋吟秋，王德卿，等. 基于 WSR 方法论的沿海地区环境污染治理评价体系构建研究［J］. 管理评论，2021（7）：290-300.

［23］李文杰. 中国古代制陶工程技术史［M］. 太原：山西教育出版

社，2017.

[24] 方李莉. 本土性的现代化如何实践——以景德镇传统陶瓷手工技艺传承的研究为例 [J]. 南京艺术学院学报（美术与设计版），2008（6）：20-27+205.

[25] 苏东水. 产业经济学（第三版）[M]. 北京：高等教育出版社，2010.

[26] 鲁翔. 景德镇陶瓷产业集群发展研究 [D]. 景德镇陶瓷学院硕士学位论文，2012.

[27] 白永秀，惠宁. 产业经济学基本问题研究 [M]. 北京：中国经济出版社，2008.

[28] Levine R. Financial Development and Economic Growth：Views and Agenda [J]. Journal of Economic Literature，1997，35（6）：688-726.

[29] 杨坚白，李学曾. 论我国农轻重关系的历史经验 [J]. 中国社会科学，1980（3）：19-40.

[30] 李江帆. 服务消费品的生产规模与发展趋势 [J]. 经济理论与经济管理，1985（2）：27-31.

[31] 洪银兴. WTO 条件下贸易结构调整和产业升级 [J]. 管理世界，2001（2）：21-26.

[32] 李江帆，曾国军. 中国第三产业内部结构升级趋势分析 [J]. 中国工业经济，2003（3）：34-39.

[33] 王德文. 中国工业的结构调整、效率与劳动配置 [J]. 经济研究，2004（4）：41-49.

[34] 张平，李世祥. 中国区域产业结构调整中的障碍及对策 [J]. 中国软科学，2007（7）：7-14+40.

[35] 史诺平. 中国金融发展与产业结构调整关系的实证研究 [J]. 统计

与决策，2010（3）：114-116.

［36］钱争鸣，刘晓晨.环境管制、产业结构调整与地区经济发展［J］.经济学家，2014（7）：73-81.

［37］张欣钰，唐晓华，周帅.环境、经济、就业多重约束下的制造业产业结构优化调整研究——以东北地区为例［J］.经济体制改革，2019（3）：86-93.

［38］迈克尔·波特.国家竞争优势［M］.北京：华夏出版社，2002.

［39］Gereffi G. International Trade and Industrial Upgrading in the Apparel Commodity Chain［J］. Journal of International Economics，1999，1（48）：37-70.

［40］Humphrey J, Schmitz H. How does Insertion in Global Value Chains Affect Upgrading Industrial Dusters［J］. Regional Studies，2002，36（9）：1010-1027.

［41］张耀辉.产业创新：新经济下的产业升级模式［J］.数量经济技术经济研究，2002（1）：14 -17.

［42］毛蕴诗，汪建成.基于产品升级的自主创新路径研究［J］.管理世界，2006（5）：114-120.

［43］毛蕴诗.制度环境、企业能力与OEM企业升级战略——东菱凯琴与佳士科技的比较案例研究［J］.管理世界，2009（6）：135-145+157.

［44］毛蕴诗.农业转型升级：产业链整合与延伸——基于台湾美浓镇的实地调研与启示［J］.产经评论，2014，5（4）：96-104.

［45］毛蕴诗，王婕.重构全球价值链理论的经验研究——以科达制造为例［J］.中山大学学报（社会科学版），2022，62（4）：154-167.

［46］冯艳丽.略论全球价值链外包体系与中国产业升级的动态关系［J］.经济问题，2009，（7）：27-29.

［47］刘志彪.中国贸易量增长与本土产业的升级：基于全球价值链的治理视角［J］.学术月刊，2007（2）：80-86.

［48］刘志彪，张杰. 从融入全球价值链到构建国家价值链：中国产业升级的战略思考［J］. 学术月刊，2009（9）：59-68.

［49］张郧，吴振华. 产业链视角下养老产业发展研究［J］. 科技进步与对策，2015，32（24）：62-64.

［50］张伟，游建民. 全球价值链下产业链绿色低碳化升级研究［J］. 江西财经大学学报，2017（4）：3-13.

［51］高照军，张宏如. 企业成长与创新视角下的产业链升级研究［J］. 科研管理，2019，40（5）：24-34.

［52］Schmitz H. Collective Efficiency：Growth Path for Small Scale Industry［J］. Journal of Development Studies，1995，31（4）：529-566.

［53］Maskell P，Malmberg A. Localised Learning and Industrial Competitiveness［J］. Social Science Electronic Publishing，1999，23，（2）：167-185.

［54］Doner F，Schneider R. Business Associations and Economic Development：Why Some Associations Contribute More than Others［J］. Business & Politics，2000，2（3）：261-288.

［55］Sturgeon T J. What Really Goes on in Silicon Valley? Spatial Clustering and Dispersal in Modular Production Networks［J］. Journal of Economic Geography，2003，3（2）：199-225.

［56］De Marchi V，Grandinetti R. Industrial Districts and the Collapse of the Marshallian Model：Looking at the Italian Experience［J］. Competition & Change，2014，18（1）：70-87.

［57］包卿. 核心——边缘理论在地方产业群升级发展中的应用［J］. 软科学，2005（3）：14-16.

［58］张杰，刘东. 我国地方产业集群的升级路径：基于组织分工架构的一个初步分析［J］. 中国工业经济，2006（5）：48-55.

［59］王益民，宋琰纹. 全球生产网络效应、集群封闭性及其"升级悖论"——基于大陆台商笔记本电脑产业集群的分析［J］. 中国工业经济，2007（4）：46-53.

［60］童昕，王缉慈. 论全球化背景下的本地创新网络［J］. 中国软科学，2000（9）：80-83.

［61］张杰，刘志彪. 套利行为、技术溢出介质与我国地方产业集群的升级困境与突破［J］. 当代经济科学，2007（3）：14-22.

［62］阮建青. 危机与制造业产业集群的质量升级——基于浙江产业集群的研究［J］. 管理世界，2010（2）：69-79.

［63］郭金喜. 传统产业集群升级：路径依赖和蝴蝶效应偶和分析［J］. 经济学家，2007（3）：66-71.

［64］苏东坡. 模块化、全球价值链与制造业集群升级路径［J］. 经济与管理，2018，32（4）：54-61.

［65］闫东升，马训. "一带一路"倡议、区域价值链构建与中国产业升级［J］. 现代经济探讨，2020（3）：73-79.

［66］贺灿飞. "双循环"新发展格局下中国产业空间布局优化［J］. 区域经济评论，2021（4）：54-63.

［67］刘志彪，凌永辉. 论新发展格局下重塑新的产业链［J］. 经济纵横，2021（5）：40-47.

［68］马训，程俊杰. 新发展格局下中国产业集群升级多元化路径构建探析［J］. 现代经济探讨，2022（1）：104-113+123.

［69］Enright M J. The Globalization of Competition and the Localization of Competitive Advantage：Policies Towards Regional Clustering［M］//Hood N，Young S. Globalization of Multinational Enterprises Activity and Economic Development. London：Macmillan，1999.

［70］Fredrich P，Feng X. Cluster Formation in the Framework of the Treuhand Approach：From Socialist to Market-oriented Clusters［M］//Steiner M：Clusters and Regional Specialization. London：Pion Publication，1998.

［71］Porter M E. The Competitiveness Advantage of Nation［M］. New York：Free Press，1990.

［72］李海舰，王松. 文化与经济的融合发展研究［J］. 中国工业经济，2020（9）：1.

［73］亚当·斯密. 国民财富的性质和原因的研究［M］. 北京：商务印书馆，1974.

［74］约瑟夫·熊彼特. 经济发展理论［M］. 北京：商务印书馆，1990.

［75］Solow R M. A Contribution to the Theory of Economic Growth［J］. The Quarterly Journal of Economics，1956，70（1）：65-94.

［76］Robert E，Lucas J R. On the Mechanics of Economic Development［J］. Journal of Monetary Economics，1988（22）：3-42.

［77］Romer P M. Why，Indeed，in America？Theory，History，and the Origins of Modern Economic Growth［J］. American Economic Review，1996，86（2）：202-206.

［78］蒲勇健. 创新呼唤知识产权保护——工业革命留给网络时代的启示［J］. 福建改革，2000（9）：40-41.

［79］王稳. 科技进步对经济效率增长的作用机制分析［J］. 中国软科学，2003（2）：96-102.

［80］李长征. 创新型经济中科技与金融的融合机制研究［J］. 北方经贸，2015（12）：105-106.

［81］何桂林. 社会主义道路与中国国情［J］. 现代财经——天津财经学院学报，1989（6）：1-12.

［82］隋映辉. 我国沿海经济发展与战略动态调整［J］. 亚太经济，1990（6）：59-63.

［83］李泊溪. 加快改革开放步伐　推动内陆地区经济发展［J］. 经济体制改革，1993（3）：13-17+127.

［84］王慧艳. 科技创新驱动我国经济高质量发展绩效评价及影响因素研究［J］. 经济学家，2019（11）：64-74.

［85］刘尚希，韩凤芹. 科技与经济融合：陕西的探索及其启示［J］. 地方财政研究，2013（2）：53-59.

［86］刘传雷. 高校科技与地方经济发展的关系及融合路径探析［J］. 大庆社会科学，2016（4）：42-44.

［87］颜军，王飞. 科技经济融合发展　省院市校协同创新——中科大先进技术研究院探索构建产学研合作新模式［J］. 中共合肥市委党校学报，2016（6）：22-23.

［88］马凯. 加强科技与经济结合，着力提升自主创新能力［J］. 宏观经济管理，2006（2）：4-5.

［89］万钢. 加快推进科技成果向现实生产力转化［J］. 求是，2011（13）：52-55.

［90］张震宇. 着力推动科技与经济深度融合［J］. 中国党政干部论坛，2014（12）：58-61.

［91］周叔莲，王伟光. 科技创新与产业结构优化升级［J］. 管理世界，2001（5）：70-78+89.

［92］王桂月. 我国科技创新对产业转型升级的影响分析［J］. 华东经济管理，2016，30（3）：83-90.

［93］李翔，邓峰. 科技创新、产业结构升级与经济增长［J］. 科研管理，2019，40（3）：84-93.

[94] 尹迎港，常向东. 科技创新、产业结构升级与区域碳排放强度——基于空间计量模型的实证分析 [J]. 金融与经济，2021（12）：40-51.

[95] 柴正猛，杨燕芳. 金融科技对制造业产业链升级的影响研究——基于省级面板数据的 GMM 模型 [J]. 管理现代化，2022，42（6）：8-13.

[96] 李海奇，张晶. 金融科技对我国产业结构优化与产业升级的影响 [J]. 统计研究，2022，39（10）：102-118.

[97] 张驰，王满仓. 金科技金融对城市产业结构升级的影响研究——基于"促进科技和金融结合试点"政策的准自然实验 [J]. 经济问题探索，2023（1）：73-86.

[98] 程强，武笛. 科技创新驱动传统产业转型升级发展研究 [J]. 科学管理研究，2015，33（4）：58-61.

[99] 赵晓男. 科技创新与中国产业结构升级 [J]. 经济与管理研究，2019，40（7）：61-74.

[100] 涂建军. 长三角城市群科技创新、产业结构升级与新型城镇化的交互影响 [J]. 城市发展研究，2021，28（12）：1-11.

[101] 张亚明. 科技创新驱动产业升级的多重并发因果关系与多元路径 [J]. 科研管理，2021，42（12）：19-28.

[102] 徐银良，王慧艳. 中国省域科技创新驱动产业升级绩效评价研究 [J]. 宏观经济研究，2018（8）：101-114+158.

[103] 王慧艳. "四维度"框架下区域科技创新驱动产业升级绩效评价研究 [J]. 经济问题探索，2018（11）：97-107.

[104] 朱幼平. 论信息化对经济增长的影响 [J]. 情报理论与实践，1996（5）：5-8.

[105] 贺修铭. 信息经济和信息消费：国民经济新的增长点 [J]. 消费经济，1998（4）：37-41.

[106] 北京师范大学经济与资源管理研究所课题组. 信息技术产业对国民经济影响程度的分析 [J]. 经济研究, 2001 (12)：17-26.

[107] 曾德高. 重庆、四川、陕西信息产业对经济增长作用的实证分析 [J]. 生产力研究, 2009 (11)：147-149.

[108] 王钢, 王欣. 信息产业对国民经济增长的作用分析 [J]. 情报科学, 2010, 28 (10)：1550-1553.

[109] 蔡跃洲. 经济循环中的循环数字化与数字循环化——信息、物质及资金等流转视角的分析 [J]. 学术研究, 2022 (2)：84-90+177.

[110] 殷天赐, 曹泽. 信息技术产业集聚、产业结构升级与经济高质量发展 [J]. 统计与决策, 2022, 38 (4)：129-134.

[111] 苏任刚, 赵湘莲. 制造业升级、信息网络发展与城市经济韧性 [J]. 经济与管理, 2022, 36 (1)：48-57.

[112] 冯居易, 魏修建. 信息服务业与制造业互动融合的研究——基于数字经济背景的实证分析 [J]. 技术经济与管理研究, 2022 (1)：94-98.

[113] 李泽锦, 刘强. 信息流对经济高质量发展的影响及空间效应研究 [J]. 统计与决策, 2021, 37 (24)：97-100.

[114] 张海涛, 靖继鹏. 信息价值链：内涵、模型、增值机制与策略 [J]. 情报理论与实践, 2009, 32 (3)：16-18.

[115] 李长玲, 邵景. 信息与知识价值链 [J]. 图书与情报, 2004 (3)：8-9+27.

[116] 韩刚, 覃正. 信息生态链：一个理论框架 [J]. 情报理论与实践, 2007, 168 (1)：18-20+32.

[117] 胡亚荣. 供应链信息获取模式及基于信息价值的比较 [J]. 工业工程, 2008, 56 (4)：29-32.

[118] 陈永平, 蒋宁. 大数据时代供应链信息聚合价值及其价值创造能

力形成机理 [J]. 情报理论与实践，2015，38 (7)：80-85.

[119] 陈传夫，黄璇. 政府信息资源增值利用研究 [J]. 情报科学，2008，203 (7)：961-966.

[120] 陈传夫，王平. 欧盟公共部门信息增值利用的实践、效果及趋势 [J]. 图书与情报，2010，136 (6)：1-8.

[121] 徐丽梅. 我国信息服务业的发展趋势与对策研究 [J]. 情报理论与实践，2008，178 (5)：728-731.

[122] 原光，王艺. 我国政府信息资源增值利用模式的创新 [J]. 统计与决策，2009 (16)：70-72.

[123] 冯惠玲，周毅. 论公共信息服务体系的构建 [J]. 情报理论与实践，2010，33 (7)：6+26-30.

[124] 王英. 公共部门信息增值利用中的信息伦理问题研究 [J]. 情报科学，2014，32 (4)：3-8+67.

[125] 侯卫真，刘彬芳. 基于信息要素理论的信息增值模型 [J]. 信息资源管理学报，2020，10 (1)：57-64.

[126] 马健. 信息技术融合推动产业升级的动因分析 [J]. 科学管理研究，2005 (1)：30-32+41.

[127] 金志奇. 试论信息技术对产业结构变动与升级的作用 [J]. 现代财经—天津财经学院学报，2005 (7)：74-77.

[128] 昌忠泽，孟倩. 信息技术影响产业结构优化升级的中介效应分析——来自中国省级层面的经验证据用 [J]. 经济理论与经济管理，2018 (6)：39-50.

[129] 李荣胜. 信息技术驱动产业升级研究 [D]. 西北大学博士学位论文，2020.

[130] 郑英隆. 信息产业加速发展与产业结构升级的交互关系研究 [J].

经济评论, 2001 (1): 48-53.

[131] 马健. 信息产业融合与产业结构升级 [J]. 产业经济研究, 2003 (2): 37-42+55.

[132] 朱春红. 信息产业发展与产业结构升级的关联性研究 [J]. 经济与管理研究, 2005 (9): 67-69.

[133] 黄宗远. 信息技术产业在纺织业转型升级中的作用机理 [J]. 贵州社会科学, 2017 (10): 105-113.

[134] 崔寅, 王双. 京津冀信息基础设施与产业结构升级耦合协调发展评价 [J]. 天津商业大学学报, 2021, 41 (3): 12-19.

[135] Marx K. A Contribution to the Critique of Political Economy (1859) [M]. New York: International Publishers, 1979.

[136] Weber M. The Protestant Ethic and the Spirit of Capitalism (1905) [M]. London: Routledge Classic, 2001.

[137] Lal D. Culture, Democracy and Development: The Impact of Formal and Informal Institutions on Development [A] //IMF Conference on Second Generation Reforms (20), 1999.

[138] Landes D. Culture Makes Almost All the Difference [A] //L. Harrison and S Huntington (Eds). Culture Matters. Basic Books, New York, NY, 2000.

[139] Schwartz S. Beyond Individualism/Collectivism: New Dimensions of Values [A] //U. Kim, H. Triandis, C. Kagitcibasi, S. Choi, and G. Yoon (Eds). Individualism and Collectivism: Theory, Method and Application. Sage Publications, Newbury Park, CA, 1994: 85-119.

[140] Schwartz S. Cultural value Differences: Someimplications for Work? [J]. Applied Psychology International Review, 1999 (48): 23-47.

［141］Schwartz S. Mapping and Interpreting Cultural Differences around the World ［A］//H. Vinkins, J. Soeters & P. Esters （Eds）. Comparing Cultures: Dimensions of Culture in a Comparative Perspective. Boston, MA: Brill Academic Publishers, 2004: 43-73.

［142］Guiso L, Sapienza P, Zingales L. The Role of Social Capital in Financial Development ［J］. The American Economic Review, 2004（94）: 526-556.

［143］Guiso L, Sapienza P, Zingales L. Cultural Biases in Economic Exchange? ［J］. The Quarterly Journal of Economics, 2009（124）: 1095-1131.

［144］Knack S, Keefer P. Does Social Capital Have An Economic Payoff? A Cross-country Investigation ［J］. Quarterly Journal of Economics, 1997（112）: 1251-1288.

［145］La Porta, R. and F. Lopez-de-Silane. The benefits of privatization: Evidence from Mexico, Quarterly Journal of Economics, 1999（114）: 1193-1242.

［146］Barro R J, McCleary R M. Religion and Economic Growth across Countries ［J］. American Sociological Review, 2003（68）: 760-781.

［147］张维迎, 柯荣住. 信任及其解释: 来自中国的跨省调查分析 ［J］. 经济研究, 2002（10）: 59-70.

［148］李涛. 社会互动, 信任与股市参与 ［J］. 经济研究, 2006（1）: 34-45.

［149］刘瑞明. 制度松绑、市场活力激发与旅游经济发展——来自中国文化体制改革的证据 ［J］. 经济研究, 2020, 55（1）: 115-131.

［150］陈亚民. 文化创意产业发展与区域产业结构升级 ［J］. 商业研究, 2011（2）: 112-116.

［151］钟晟. 文化创新促进高新区产业转型升级研究——以中山市火炬开发区为例 ［J］. 科技进步与对策, 2014, 31（17）: 65-69.

［152］黄汝钦，刘琛. 文化复兴推动产业转型——德国工业遗产复兴对深圳旧工业区升级改造的启示［A］//中国城市规划学会. 新常态：传承与变革——2015 中国城市规划年会论文集. 北京：中国建筑工业出版社，2015：600-610.

［153］刘小龙. 产业文化发展对产业升级的影响［J］. 北京航空航天大学学报（社会科学版），2020，33（3）：86-91.

［154］王信东. 文化创意产业促进中心城市产业结构优化升级路径分析——以北京为例［J］. 工业技术经济，2011，30（1）：90-96.

［155］蔡旺春，李光明. 中国制造业升级路径的新视角：文化产业与制造业融合［J］. 商业经济与管理，2011（2）：58-63.

［156］顾江，李苏南. 文化产业视角下我国制造业升级的新路径［J］. 江海学刊，2017（5）：71-77.

［157］张苏缘，顾江. 文化产业集聚如何赋能区域产业结构升级——基于城市品牌的中介效应分析［J］. 江苏社会科学，2022（5）：172-181+243-244.

［158］Porter M E. Clusters and the New Economics of Competition［J］. Harvard Business Review，1998：77-91.

［159］蔡宁，吴结兵. 产业集群与区域经济发展——基于"资源—结构"观的分析［M］. 北京：科学出版社，2007.

［160］Fritz O M，Mahringer H，Valderramma M T. A Risk-oriented Analysis of Regional Clusters Development［R］. Working Paper，1998.

［161］马歇尔. 经济学原理（上卷）［M］. 朱志泰译. 北京：商务印书馆，1965.

［162］Krugman P. Development, Increasing Returns and Economic Geography［J］. Journal of Political Economy，1991（99）：183-199.

［163］王辑慈. 创新的空间：企业集群与区域发展［M］. 北京：北京大

学出版社，2001.

[164] 盖文启. 创新网络——区域经济发展新思维 [M]. 北京：北京大学出版社，2002.

[165] 梁琦. 产业集聚论 [M]. 北京：商务印书馆，2004.

[166] 蔡宁，吴结兵. 产业集群与区域经济发展——基于资源—结构观的分析 [M]. 北京：科学出版社，2007.

[167] 周宏等. 现代汉语辞海 [M]. 北京：光明日报出版社，2003.

[168] 王琦. 产业集群与区域经济空间耦合机理研究 [D]. 东北师范大学博士学位论文，2008.

[169] 李欣然. 产业集群与区域经济系统耦合研究 [J]. 当代经济，2010（7）：116-118.

[170] 杨建仁，左和平，章立东. 陶瓷产业集群—区域经济空间耦合机理研究 [J]. 中国陶瓷，2017，53（6）：35-40.

[171] 杨建仁，叶开斌. 陶瓷产业集群与区域经济耦合发展实证研究——以景德镇陶瓷产业集群为例 [J]. 中国陶瓷工业，2018，25（1）：45-52.

附录1 景德镇之"水土宜陶"

一、矿藏与高岭土

景德镇蕴藏着丰富的矿藏，其中瓷石和高岭土的矿藏量最丰富，它们分布在高岭、瑶里、三宝蓬、银坑坞、寿溪坞、大洲、柳家湾、浮南等处，共有 169 处之多，出露矿点分布近 100 平方千米。景德镇的南河流域和东河流域是瓷石矿大面积出露的地方。宋代以前，地表瓷石矿体是经过充分风化的白色粉状体，钾、钠含量低，含铁量甚微，质地优。在南方所有的窑场中，景德镇是最早使用单一瓷石烧造出精美的青白瓷的。五代时，景德镇瓷器的白度已达 70%。宋代时，清秀淡雅的青白瓷在南北众多名窑的激烈竞争中脱颖而出，受到权贵们的热烈追捧。

景德镇的高岭土，举世瞩目。明末清初时期杰出的科学家宋应星在《天工开物》中说："一名高梁山，出粳米土，其性坚硬；一名开化山，出糯米土，其性粢软。两土相合，瓷器即成"。景德镇高岭山中的制瓷黏土约含 35% 的三氧化二铝，其烧结温度在 1700℃ 之上，把其掺进瓷石制瓷，可起到骨料作用，能提高瓷器烧结的温度，减少变形，提高瓷化度，同时扩大了制瓷原料的选用范围。元代时，高岭土的发现和"二元配方"的广泛使用，大大提高了瓷器的物理性能，使烧制更大、更薄、更复杂的瓷器成为可能。高岭土用于瓷器制造，给当时中国及后来世界的制瓷技术带来伟大的变革，具有划时代的意义。1721 年，法国传教士殷弘绪在西方最早披露了高岭土用作制瓷原料的秘密，并用"高岭"的拼音创制了法文单词"kaolin"。1869 年，德国著名地理学家李希霍芬来到中国考察，回国后在其著作《中国——亲身旅行和据此所作研究的成果》中详细介绍了高岭土。

景德镇还有丰富的森林资源。自古以来，景德镇烧炼瓷器，主要用松柴和杂柴。松木油脂多，火焰长，燃烧时间长，是烧制瓷器的理想燃料。景德镇瓷器之所以品质好、产量高，与其烧制燃料——松柴也密切相关。明代以前，景德镇窑口的燃料多半只需就地取材，这样就节省了运费，降低了成本，提高了窑口的竞争力。

二、河流

景德镇地势东北高、西南低，形如筲箕的中低山地丘陵地貌，形成了状如叶脉的发散河流。昌江发源于安徽祁门，从北到南贯穿景德镇市境域中部，汇集大小河流 50 多条，其在景德镇市域内的主要支流有小北港、东河、西河和南河。昌江流经景德镇市区后至鄱阳县姚公渡汇合乐安河，最后注入鄱阳湖。在古代，景德镇有"昌江通衢"之说。

昌江及其支流给景德镇瓷业的发展带来诸多方便，主要作用有三：

其一，提供了瓷石粉碎的特殊加工手段。古代景德镇人充分利用天然水流落差产生的动力，在一些河流上安装水轮车和水碓，用以粉碎瓷石。这些装置以前在浮梁县的瑶里、三宝蓬、湖田、兰田、东流、寿溪坞等地均可见到。据资料统计，景德镇曾有水轮车 600 余部，共有水碓 4700 余支，最盛时超过 6000 支①。水碓粉碎瓷石的历史已近 2000 年，它把最沉重的工作交由水力机械承担，是古代先进技术的代表，给瓷土生产带来了极大的便利。虽然 20 世纪 50 年代瓷石粉碎工作被雷蒙机取代，但由于水碓粉碎的瓷土性能好、成本低，时至今日仍有少量水碓在作业，成为景德镇依然在使用的工业文物。

---

① 资料来源：中国国家人文地理。

东河流域是各种瓷土矿的主要产地，其上游山势陡峭，森林茂密，涧泉溪流密布，水流落差大，水力资源被充分运用于瓷土生产。

其二，确保了瓷业泥釉的用水。丰富清澈的水源不但保证了瓷石粉碎加工等所需用水，而且确保了瓷土在淘洗塑形过程中不含杂质，为制造出精美绝伦的瓷器奠定了基础。

其三，提供了水上运输。河流构成一个通达各乡村的极为便利的水上运输网络，上游的瓷土、窑柴、木炭可顺流而下，直抵景德镇。在瓷器运输方面，由于陆路运瓷容易破损，景德镇瓷器主要靠水路运输。景德镇的运瓷船只可顺昌江而下，经鄱阳湖，入长江，通达全国各地。在海上丝路贸易中，景德镇瓷器外运一般是用小木帆船由昌江运到鄱阳县城，然后上大船转运，从鄱阳湖入长江，出东海到扬州、宁波、泉州和广州等地，然后转往世界各地，创造了"行于九域，施及外洋"的辉煌。

优质的高岭土、瓷石矿资源，丰富洁净的水源，再加上景德镇地区丰富的松木燃料资源，共同构成了一个瓷业生产所需的天然资源供给系统。景德镇制瓷业从绕南、湖田、湘湖向水运便利的昌江边聚集，也说明了水运条件对古代制瓷业的重要性，道出了景德镇瓷业兴盛背后的地理因素。

附录2　陶瓷传统手工制瓷技艺72道工序

一、选矿造不（dǔn）

1. 勘山

瓷石瓷土来源于矿山，于是勘山成了制瓷的第一道工序，工人们需找寻合适的矿脉矿点，并勘察底下矿石的具体情况，勘好山后，便可进行采矿了。

2. 烧矿

采矿前，矿工们会先采用烧矿的方式，用柴火堆放在一起火烧一阵，再立马用水扑灭，由于热胀冷缩，矿石会出现裂痕，即使再坚硬的表层矿石也变得容易采掘了。

3. 运石

采掘完瓷矿后，由于在山中，运输不方便，只能靠人力肩挑筐担或者推独木轮车进行运送，送到水碓棚对矿石进行加工。

4. 碎石

运送到目的地后，还需将大块的矿石用铁锤抡成小块，一般为拳头大小即可，方便之后用碓石进一步粉碎。

5. 筛洗

用筛网对瓷石进行筛洗，主要目的是去除其他杂物，比如叶片、泥沙等等，只留所需的瓷石。

6. 舂石

舂石时采用的是水碓法，即利用水的落差带动水碓的水轮转动，从而让石碓反复砸落，将瓷石均匀粉碎。

7. 淘洗

将粉碎后的碎石粉浸水淘洗，洗去的粗渣继续像上一步那样粉碎，直到淘洗成泥。

8. 过筛

淘洗后的粗泥进一步入沉淀池筛洗，这次是为了去除细渣，沉淀的上层清水继续回淘洗池。

9. 制浆

沉淀部分的泥浆则直接进行脱水，放到吸水系数较强的青砖上，也可人工用双脚踩泥，更容易感受泥浆的状态，使泥中的气泡充分排出。

10. 制不

成泥放入长形模具中，用细线去掉多余的泥，取出，便得到形同砖头、名为"不"的重要原料。

11. 船载

景德镇境内有着便利及发达的水系网络，所以古时主要通过水运，将制好的"不"运输到各个作坊。

12. 存行

即交易，制作"不"的商家将其售卖给各个制瓷的作坊或者土行，到这一步，原料才算是真正送到了制瓷工的手中。

二、烧釉

所谓的"釉"，其实应该称为瓷釉，再考究一点，也可称之为陶瓷釉。它是覆盖在陶瓷制品表面的一层无色或有色的玻璃态薄层。

13. 烧灰

所谓"一切釉水，无灰不成"，灰指的是釉灰。烧釉灰的原料使用的是石灰石，加热煅烧后再融水形成熟石灰，最后以狼萁草为燃料烧成釉灰。

14. 配釉

配制釉水，不同的原料、不同的比例能配置出不同的釉汁，进而制作出各种不同颜色的彩瓷。

三、制匣

15. 制匣

在烧窑的过程中，为了保护瓷坯不受污染破损，保证胎质完好，要事先将坯体装入匣中。这一步就是制作后续所需的匣钵。匣钵能提高制品的成品率和装放量，还有一定的导热性和稳定性，保证烧制的瓷器质量。主要用耐火的泥片卷成桶状制成，最后成型的匣有不同的规格能够装不同需求的坯体。

16. 镀匣

将制好的匣放入窑中，空烧，烧制成后更加耐用。

四、制模

17. 修模

为了使瓷坯器物尺寸大小统一，保持一致，需要先制作一个模具。一般以粗瓷土加老土为原料，手工制型，低温烧制而成。

18. 定型

因为瓷器要以此为模范，所以制模需要很高的技艺。做工必须十分精细，尺寸要合适，模具成型后，得做一定的修整和定型。

五、淘泥制坯

19. 化不

工匠们要先将买来的"不"敲碎，放入木桶中，加水进行浸泡，化成浆，一般备有一小两大三个桶，小的名为加粗桶，大的名为细桶，以分润浆。

20. 淘洗

也叫淘泥，不断用木耙搅拌后，将粗桶上层的润浆舀到细桶中，然后继续加清水到粗桶，再舀取润浆到细桶，如此反复直到粗桶内无细料为止。之后用细筛、磁石等工具过滤杂质。

21. 稠化

将滤好的泥浆注入搁泥桶内，去除多余的水分。进一步晾干，使其成浓稠状。

22. 陈腐

稠化后的泥浆便可揉成团，堆放到泥房或者铺砖的框中储存数月，以此促进泥料的有机物分解氧化，提高可塑性，陈腐时间越长越好。

23. 铲泥

用铁铲将陈腐好的泥铲移到别处，最好用泥铲拍打几遍。

24. 踩泥

又到了踩泥的阶段，人工赤脚由外向内有规则地不断踩练，使其干湿达到均衡，一层接着一层成堆。

25. 揉泥

顾名思义，像和面一般不断揉搓泥团，挤出空气和水分，使泥更加致密，最后拍成团。

26. 做坯

也叫"拉坯"，是制坯过程中最为重要的一道工序，指利用双手利用坯车的转盘将坯泥拉成所需的形状，有压、捏、棒、拉等手法，讲究熟练的技巧和手感。

27. 印坯

是圆器物定型的工序，将成型的坯倒扣在模具上，然后拍打，使坯的尺寸与模具高度重合，印坯的目的是统一规格。

28. 利坯

把泥坯放在坯车上，用专门工具旋削，使器物表面光滑连贯，厚薄保持一致，决定最终的形状。

29. 接坯

大的器型，需要分成多个部分的坯体，待各个部分制作完成后，进行最终的拼接。

30. 剐坯

又称"挖足"，是指拉坯时器底留下一个泥柄，挖成底足。

31. 驮坯

人工运送坯胎到晒架塘、画坊或窑场，驮坯工用左右两肩托着坯板。

32. 挑坯

另一种人工运送坯胎的方式，将坯体整齐平稳地放到木制坯架中，然后用肩挑到目的地。虽然看上去不太稳当，但是却是最原始又最安全的一种运坯方式。

33. 晒坯

做好瓷坯后，一定要注意晒干，否则余留的水分会让坯体在烧制过程中发生开裂。整齐有序地摆放在晒架上能够使坯干燥得更为均匀。

六、青花工序

青花是最具代表性的瓷器装饰，它在我国甚至世界工艺美术史上都有着重要的意义。它的烧制工艺，就是以含氧化钴的钴矿为原料，在陶瓷坯体上描绘纹饰，再罩上一层透明釉，经高温入窑后烧制而成，钴料烧成后呈蓝色，着色力强，发色鲜艳。72道制瓷工序中也包括了对青花的绘制。

34. 扼料

青花瓷的灵魂，在于一个"青"字。这摄人心魄的一抹青就来源于投入的原料——青料，一般而言，青料的主要化学成分有：氧化钴、氧化铁、氧化锰。扼料的工序就是将青料研磨成稠状，供画师使用。

35. 试照

将不同的青花料画到样片上，再进行烧制，观察呈现的发色，以此来判断所需青料的比例和品质。

36. 淡描

根据画稿，用浅淡合适的青花料勾线、描画图案，勾线用笔自然、流畅，使其呈色淡雅。

37. 混水

也叫"分水""汾水"，是青花独有的技法。首先调配出头浓、正浓、二浓、正淡、影淡五个色阶的青花料，然后借用鸡头笔，根据具体需求蘸取不同的青花料，在勾勒好的对应轮廓区域中进行渲染填色。古代的混水一共有平涂法、深浅法、接色法、罩色法、塌色法等技法。

七、雕刻

38. 圆雕

一种塑形技法，需经过制模、翻模等工序，追求外观造型的艺术效果，体现雕塑的立体感。除手工捏制外，还有浮雕、镂雕的成形工艺。

39. 刻花

所谓刻花装饰，是指在已干或半干的陶瓷坯体表面上，用竹制或铁制工具来刻出各种深浅不一、面积大小不同的纹饰。

八、施釉

40. 捺水

在给坯胎施釉前，得进行补水，用水笔蘸水涂抹到坯身上，一方面有清洁作用，可以除去表面的尘土污垢，另一方面可以发现不易看出的气孔，加以修补。

41. 荡釉

给器物内部上釉的一种方式，将釉水舀入坯中，不停摇荡，使其与内壁充分接触，均匀覆盖，然后倒出，规则地晃动让口沿处布满釉水。

42. 吹釉

又叫"喷釉"，是明清时期的一种施釉方法。传统做法是用一竹管蒙上一层细纱，蘸取釉水，然后通过吹气的方式使釉附着到瓷上，反复多次得到均匀覆盖的釉层。

43. 蘸釉

蘸釉的施釉方式比较简单粗暴，直接勾住器物底部，然后将它整个浸入釉水中，片刻后取出。

44. 浇釉

浇釉的上釉方式是将坯体放于一块木板上，下面放着接水的盆，然后操作人员两手各持一碗，取釉水，自上而下交替淋下，故也叫淋釉法。

45. 促釉

即给底足浇釉，匀荡后将多余的釉水倒出。

46. 补釉

检查是否有未上釉的地方，如果有漏施釉或者施釉较薄的情况，则要用同样的上釉方式进行修补。

47. 取釉清足

入匣前的最后一道工序，要将器物底足部的一层釉刮去，以免在烧制过程中与垫饼烧结在一起。

九、烧窑开窑

48. 修匣

正式烧窑前，要先检查一下装坯用的匣钵，清理其中的污渣，加入谷糠灰使匣底水平。

49. 装坯

选择合适的与坯体尺寸相匹配的匣钵，小心平稳地将坯体放到匣中，也可用细布等工具进行辅助。

50. 满窑

行业内有这么一句话："一满二烧三熄火。"满窑工序可以说是最为关键的。此工序就是将装好的匣钵搬进窑室并分层，匣钵按一定顺序一个一个往上摞。

51. 挑柴

由专门的挑柴人将柴火挑到窑场。

52. 点火

烧窑正式开始，一般要举行点火仪式，由把桩师傅或者有名望的人进行点火，以此来祭拜窑神，保佑此次烧窑顺利。

53. 把桩

烧制的过程中，需要把桩师来检测窑内的温度，具体的方法是取出顶部的火照（又称"试片"，一种试烧的瓷片），观察其瓷化状态，并以此来判断窑内的具体情况。

54. 烧窑

按照把桩师的要求进行烧窑。时刻注意添柴时机和位置，保证瓷器烧出的品质。

55. 开窑

歇窑停火，烧制完成，窑工们需要将匣钵搬出，并取出烧好的瓷器。

56. 看色

对窑里开出来的瓷器，按照质量、成色等进行检查和挑选，一般分上色、二色、三钯、脚货四个等级。

57. 选瓷

选择需要进一步上釉或者具有一定规格的瓷器及其配套。

58. 装篮

将挑选好的瓷器装进特制的篮子里搬走。

59. 挛窑

挛窑主要体现在砌和补两方面。"砌"是指前期的砌窑，"补"则是当窑室完成烧窑工作时，也有可能受到一定的损伤，这就需要对窑进行一个系统性的检查，如果发现有裂痕则需要进行修补，以免影响下次的烧窑工作。

十、釉上彩

釉上彩，就是直接在烧制好的瓷器釉上施彩。比如，釉上五彩、珐琅彩、粉彩都属于釉上彩瓷器。其彩料应用广泛，釉色鲜艳，品种多样，具有较强的艺术性。

60. 擂料

即将釉上彩的原料研磨成细粉，要求最终的粉末一定要特别细，这一工序中通常会加入水乳。虽然很多釉上彩在烧制工艺上相似，但用料有所不同。

61. 格色

将颜料细粉晒干后，根据所需配置一定比例的颜料，注意其间的调色性。

62. 起稿

在彩绘瓷器前，都需要由画师根据器物的造型先画好一张图案设计稿，来确定瓷器的具体纹饰图案。

63. 拍图

是复制图案的一种方式，首先将设计好的画稿临摹到毛边纸上，然后将其喷湿并拍到瓷上，就可以使图案附着于表面。这种工序适合复制批量生产产品。

64. 搓料

在绘制前，要先把各种颜料放在料碟中进行揉搓和研细，调匀搓至稠状即可。

65. 画瓷

正式开始画瓷，画工们结合瓷器的造型来进行绘制。或是线条细致、画面精美，用作装饰、赋予吉祥寓意的纹饰；又或是布局得体、疏密有致、故事性强，一幅图撑得起一个场景的图案。

66. 填色

画师的分工亦有不同，有的人专门用线条勾勒轮廓，而有的画师则负责填色，不但要将颜色填涂到对应的轮廓中，还要根据情况不同采用不同的方法。

67. 洗染

洗染是一种着色方法，使绘制的图案有深浅变化，突出层次，更有立体感。有油洗和水洗两种。

68. 扒花

又被称为粉彩轧道，是粉彩和轧道工艺的结合技法。在保留粉彩的基础上，在白瓷上施匀一层彩，如胭脂红等，再用针状工具刻画纹饰。

69. 写款

即落款，在最终工序完成前，还有一些人会在瓷器上题上诗句，或在底部写上年号名称等信息。

70. 烤花

最后将绘好的瓷器放入烤花炉内进行烘烤，使颜色通过烧炼得到稳定。

十一、包装

71. 茭草

瓷器最终完成，可以用质量较高的谷草进行包装，防止在运输过程中遭受磕碰。

72. 装桶

最后一步，便是将包好的瓷器装入木桶中，这样就可运输出去了。

附录3　关于手工陶瓷类企业（工作室）的问卷

No. ＿＿＿＿＿＿＿＿

尊敬的先生（女士）：

您好！

我们是《景德镇手工制瓷技艺传承保护研究》景德镇陶瓷大学管理与经济学院课题组，现需要对景德镇手工制瓷技艺传承保护相关情况进行调查研究。您的回答将对课题的研究给予极大的帮助，非常希望您能抽出宝贵的时间，帮助我们完成此次调查任务。对于您的帮助，谨表示最诚挚的谢意。

以下问题，请您根据实际情况进行回答。

第一部分：个人信息

姓名：＿＿＿＿＿＿＿＿年龄：＿＿＿＿＿＿＿性别：＿＿＿＿＿＿

1. 您为什么选择从事这个行业？景德镇哪些条件吸引您？

答：＿＿＿＿＿＿＿＿＿＿＿＿＿＿＿＿＿＿＿＿＿＿＿＿

2. 您对景德镇手工制瓷技艺传承保护持什么态度（　　）

A. 强烈支持　B. 一般支持　C. 不确定　D. 一般不支持

E. 强烈不支持

第二部分：企业（工作室）信息

1. 能否简单介绍一下您的企业（工作室）？

答：＿＿＿＿＿＿＿＿＿＿＿＿＿＿＿＿＿＿＿＿＿＿＿＿＿＿

2. 您的企业（工作室）主要生产什么类型的产品？

答：＿＿＿＿＿＿＿＿＿＿＿＿＿＿＿＿＿＿＿＿＿＿＿＿＿＿

3. 您的企业（工作室）主要经济来源是什么？

答：＿＿＿＿＿＿＿＿＿＿＿＿＿＿＿＿＿＿＿＿＿＿＿＿＿＿

4. 您的企业（工作室）产品销售渠道是什么？

答：＿＿＿＿＿＿＿＿＿＿＿＿＿＿＿＿＿＿＿＿＿＿＿＿＿＿

5. 您的企业（工作室）是否有专门针对消费者开放的评价反馈平台？

答：＿＿＿＿＿＿＿＿＿＿＿＿＿＿＿＿＿＿＿＿＿＿＿＿＿＿

6. 目前您的企业（工作室）在生产经营过程中遇到了哪些问题？

答：＿＿＿＿＿＿＿＿＿＿＿＿＿＿＿＿＿＿＿＿＿＿＿＿＿＿

7. 您希望政府、社会组织、传承人、消费者等主体给予您什么帮助？

答：＿＿＿＿＿＿＿＿＿＿＿＿＿＿＿＿＿＿＿＿＿＿＿＿＿＿

第三部分：企业（工作室）关于景德镇手工制瓷技艺传承保护满意度调研

1. 您对目前景德镇手工制瓷技艺现保存或使用情况满意程度（　　）

A. 非常满意　　B. 满意　　C. 有些满意　　D. 无法确定

E. 有些不满意　　F. 不满意　　G. 非常不满意

2. 您对目前景德镇手工制瓷技艺传承保护机构设置和责任划分情况满意程度（　　）

A. 非常满意　　B. 满意　　C. 有些满意　　D. 无法确定

E. 有些不满意　　F. 不满意　　G. 非常不满意

3. 您对目前景德镇手工制瓷技艺传承保护相关法律法规制定满意程度（　　）

A. 非常满意　　B. 满意　　C. 有些满意　　D. 无法确定

E. 有些不满意　　F. 不满意　　G. 非常不满意

4. 您对目前景德镇手工制瓷传承保护政府资金、财税支持力度满意程度（　　）

A. 非常满意　　B. 满意　　C. 有些满意　　D. 无法确定

E. 有些不满意　　F. 不满意　　G. 非常不满意

5. 您对目前景德镇手工制瓷技艺传承人认定制度满意程度（　　）

A. 非常满意　　B. 满意　　C. 有些满意　　D. 无法确定

E. 有些不满意　　F. 不满意　　G. 非常不满意

6. 您对目前景德镇手工制瓷技艺代表项目认定制度满意程度（　　）

A. 非常满意　　B. 满意　　C. 有些满意　　D. 无法确定

E. 有些不满意　　F. 不满意　　G. 非常不满意

7. 您对目前景德镇手工制瓷技艺人才培养政策满意程度（　　）

A. 非常满意　　B. 满意　　C. 有些满意　　D. 无法确定

E. 有些不满意　　F. 不满意　　G. 非常不满意

8. 您对目前生产性保护基地建设模式满意程度（　）

A. 非常满意　　B. 满意　　C. 有些满意　　D. 无法确定

E. 有些不满意　　F. 不满意　　G. 非常不满意

9. 您对目前景德镇手工制瓷技艺传承保护宣传工作满意程度（　）

A. 非常满意　　B. 满意　　C. 有些满意　　D. 无法确定

E. 有些不满意　　F. 不满意　　G. 非常不满意

10. 您对目前政府、社会组织、传承人、企业（工作室）以及消费者之间协同参与传承保护景德镇手工制瓷技艺工作满意程度（　）

A. 非常满意　　B. 满意　　C. 有些满意　　D. 无法确定

E. 有些不满意　　F. 不满意　　G. 非常不满意

第四部分：开放式问题

您认为景德镇手工制瓷技艺传承保护工作中还存在哪些方面的不足？您对此有什么建议？

附录4 关于手工制瓷技艺
传承人的问卷

No. _____

尊敬的先生（女士）：

您好！

我们是《景德镇手工制瓷技艺传承保护研究》景德镇陶瓷大学管理与经济学院课题组，现需要对景德镇手工制瓷技艺传承保护相关情况进行调查研究。您的回答将对课题的研究给予极大的帮助，非常希望您能抽出宝贵的时间，帮助我们完成此次调查任务。对于您的帮助，谨表示最诚挚的谢意。

以下问题，请您根据实际情况进行回答。

第一部分：个人信息

姓名：_____　年龄：_____

性别：_____　学历：_____

1. 您的职业是（　　）

A. 手工制瓷艺人　B. 陶瓷艺术家　C. 陶瓷研究人员　D. 大学生

E. 其他

2. 您对景德镇手工制瓷技艺了解多少（　　）

A. 非常了解　B. 了解　C. 有些了解　D. 不太了解　E. 一点都不了解

3. 您是通过什么渠道了解的（　　）【可多选】

A. 报纸杂志、书籍　　B. 电视、广播　　C. 网络媒体　　D. 课堂学习

E. 微信公众号　　F. 口口相传　　G. 其他

4. 您是否愿意加入传承人队伍传承保护景德镇手工制瓷技艺（　　）

A. 非常愿意　　B. 愿意　　C. 一般愿意　　D. 不确定

E. 一般不愿意　　F. 不愿意　　G. 非常不愿意

第二部分：开放式题型（目前从事手工制瓷技艺相关工作人员回答）

1. 您从事手工制瓷技艺中的哪方面工作？

答：＿＿＿＿＿＿＿＿＿＿＿＿＿＿＿＿＿＿＿＿＿＿＿＿＿＿＿

2. 您从事这方面工作多久了？大机器时代，是什么原因让您坚持手工制作？

答：＿＿＿＿＿＿＿＿＿＿＿＿＿＿＿＿＿＿＿＿＿＿＿＿＿＿＿

＿＿＿＿＿＿＿＿＿＿＿＿＿＿＿＿＿＿＿＿＿＿＿＿＿＿＿＿＿＿

3. 您方便透露一下您每个月税前收入大概是多少吗？以及您这一行收入水平怎样？

答：＿＿＿＿＿＿＿＿＿＿＿＿＿＿＿＿＿＿＿＿＿＿＿＿＿＿＿

＿＿＿＿＿＿＿＿＿＿＿＿＿＿＿＿＿＿＿＿＿＿＿＿＿＿＿＿＿＿

4. 目前各地都提倡建立"非遗"生产性传承保护基地，对此，您怎么看？

答：＿＿＿＿＿＿＿＿＿＿＿＿＿＿＿＿＿＿＿＿＿＿＿＿＿＿＿

＿＿＿＿＿＿＿＿＿＿＿＿＿＿＿＿＿＿＿＿＿＿＿＿＿＿＿＿＿＿

5. 目前很多年轻人不愿意加入手工制瓷技艺传承队伍，您怎么看？

答：＿＿＿＿＿＿＿＿＿＿＿＿＿＿＿＿＿＿＿＿＿＿＿＿＿＿＿

＿＿＿＿＿＿＿＿＿＿＿＿＿＿＿＿＿＿＿＿＿＿＿＿＿＿＿＿＿＿

6. 您在景德镇手工制瓷技艺传承保护工作中遇到了哪些困难？

答：＿＿＿＿＿＿＿＿＿＿＿＿＿＿＿＿＿＿＿＿＿＿＿＿＿＿＿

＿＿＿＿＿＿＿＿＿＿＿＿＿＿＿＿＿＿＿＿＿＿＿＿＿＿＿＿＿＿＿

7. 您希望政府、社会组织、其他传承人、消费者等主体给予您什么帮助？

答：＿＿＿＿＿＿＿＿＿＿＿＿＿＿＿＿＿＿＿＿＿＿＿＿＿＿＿

＿＿＿＿＿＿＿＿＿＿＿＿＿＿＿＿＿＿＿＿＿＿＿＿＿＿＿＿＿＿＿

8. 您认为景德镇手工制瓷技艺传承保护工作中还存在哪些方面的不足？您对此有什么建议？

答：＿＿＿＿＿＿＿＿＿＿＿＿＿＿＿＿＿＿＿＿＿＿＿＿＿＿＿

＿＿＿＿＿＿＿＿＿＿＿＿＿＿＿＿＿＿＿＿＿＿＿＿＿＿＿＿＿＿＿

第三部分：手工制瓷技艺传承人关于景德镇手工制瓷技艺传承保护满意度调研

1. 您对目前景德镇手工制瓷技艺现保存或使用情况满意程度（　）

A. 非常满意　B. 满意　C. 有些满意　D. 无法确定

E. 有些不满意　F. 不满意　G. 非常不满意

2. 您对目前景德镇手工制瓷技艺传承保护机构设置和责任划分情况满意程度（　）

A. 非常满意　B. 满意　C. 有些满意　D. 无法确定

E. 有些不满意　F. 不满意　G. 非常不满意

3. 您对目前景德镇手工制瓷技艺传承保护相关法律法规制定满意程度（　）

A. 非常满意　B. 满意　C. 有些满意　D. 无法确定

E. 有些不满意　F. 不满意　G. 非常不满意

4. 您对目前景德镇手工制瓷传承保护政府资金、财税支持力度满意程度（　　）

A. 非常满意　　B. 满意　　C. 有些满意　　D. 无法确定

E. 有些不满意　　F. 不满意　　G. 非常不满意

5. 您对目前景德镇手工制瓷技艺传承人认定制度满意程度（　　）

A. 非常满意　　B. 满意　　C. 有些满意　　D. 无法确定

E. 有些不满意　　F. 不满意　　G. 非常不满意

6. 您对目前景德镇手工制瓷技艺代表项目认定制度满意程度（　　）

A. 非常满意　　B. 满意　　C. 有些满意　　D. 无法确定

E. 有些不满意　　F. 不满意　　G. 非常不满意

7. 您对目前景德镇手工制瓷技艺人才培养政策满意程度（　　）

A. 非常满意　　B. 满意　　C. 有些满意　　D. 无法确定

E. 有些不满意　　F. 不满意　　G. 非常不满意

8. 您对目前生产性保护基地建设模式满意程度（　　）

A. 非常满意　　B. 满意　　C. 有些满意　　D. 无法确定

E. 有些不满意　　F. 不满意　　G. 非常不满意

9. 您对目前景德镇手工制瓷技艺传承保护宣传工作满意程度（　　）

A. 非常满意　　B. 满意　　C. 有些满意　　D. 无法确定

E. 有些不满意　　F. 不满意　　G. 非常不满意

10. 您对目前政府、社会组织、传承人、企业（工作室）以及消费者之间协同参与传承保护景德镇手工制瓷技艺工作满意程度（　　）

A. 非常满意　　B. 满意　　C. 有些满意　　D. 无法确定

E. 有些不满意　　F. 不满意　　G. 非常不满意

附录5 关于消费者的问卷

No. _____

尊敬的先生（女士）：

您好！

我们是《景德镇手工制瓷技艺传承保护研究》景德镇陶瓷大学管理与经济学院课题组，现需要对景德镇手工制瓷技艺传承保护相关情况进行调查研究。您的回答将对课题的研究给予极大的帮助，非常希望您能抽出宝贵的时间，帮助我们完成此次调查任务。对于您的帮助，谨表示最诚挚的谢意。

以下问题，请您根据实际情况进行回答。

第一部分：基本信息

1. 您目前工作所在地是 （　　）

A. 东部地区　　B. 中部地区　　C. 西部地区　　D. 其他

2. 您的职业是 （　　）

A. 国家机关、党群组织、事业单位人员　　B. 专业技术人员

C. 商业、服务人员　　D. 农、林、牧、渔、水利生产人员　　E. 军人

F. 其他

3. 您的年龄是 （　　）

A. 18岁及以下　　B. 19～30岁　　C. 31～40岁　　D. 41～50岁　　E. 51～60岁

F. 61岁及以上

4. 您的性别：＿＿＿＿＿＿＿

5. 您目前每个月税前收入大概是（　　）【单位：元】

A. 2000～4000　　B. 4000～6000　　C. 6000～8000

D. 8000～10000　　E. 10000～15000　　F. 15000 以上

6. 平时您是否愿意购买手工产品（　　）

A. 非常愿意　　B. 愿意　　C. 一般愿意　　D. 不确定

E. 一般不愿意　　F. 不愿意　　G. 非常不愿意

7. 您是否愿意购买景德镇手工陶瓷产品（　　）

A. 非常愿意　　B. 愿意　　C. 一般愿意　　D. 不确定

E. 一般不愿意　　F. 不愿意　　G. 非常不愿意

8. 您认为影响您购买景德镇手工陶瓷主要因素有哪些（　　）【可多选】

A. 收入水平　　B. 心理需求　　C. 价值观念　　D. 社会文化　　E. 交通

F. 广告宣传　　G. 产品价格　　H. 产品价值　　I. 产品设计

J. 产品相关配套服务　　K. 其他

9. 您一般通过什么方式购买景德镇手工陶瓷（　　）

A. 自己亲自来景德镇选购　　B. 托熟人购买　　C. 网络平台购买

D. 其他

10. 您认为景德镇手工陶瓷发展前景怎样？

答：＿＿＿＿＿＿＿＿＿＿＿＿＿＿＿＿＿＿＿＿＿＿＿＿＿＿

11. 您对景德镇手工制瓷技艺了解多少（　　）

A. 非常了解　　B. 了解　　C. 有些了解　　D. 不太了解　　E. 一点都不了解

12. 您是通过什么渠道了解的（　　）【可多选】

A. 报纸杂志、书籍　　B. 电视、广播　　C. 网络媒体　　D. 课堂学习

E. 微信公众号　　F. 口口相传　　G. 其他

13. 您是否了解景德镇手工制瓷技艺传承保护相关政策及法律法规（　　）

A. 非常了解　　B. 了解　　C. 有些了解　　D. 不太了解　　E. 一点都不了解

14. 您是否愿意为景德镇手工制瓷技艺传承保护出一份力（　　）

A. 非常愿意　　　B. 愿意　　　C. 一般愿意　　　D. 不确定

E. 一般不愿意　　F. 不愿意　　　G. 非常不愿意

15. 您认为目前景德镇手工制瓷技艺传承保护工作中哪些方面存在不足？您对此有什么建议？

答：_____

_____

第二部分：消费者关于景德镇手工制瓷技艺传承保护满意度调研

1. 您对目前景德镇手工制瓷技艺现保存或使用情况满意程度（　　）

A. 非常满意　　B. 满意　　C. 有些满意　　D. 无法确定

E. 有些不满意　　F. 不满意　　G. 非常不满意

2. 您对目前景德镇手工制瓷技艺传承保护机构设置和责任划分情况满意程度（　　）

A. 非常满意　　B. 满意　　C. 有些满意　　D. 无法确定

E. 有些不满意　　F. 不满意　　G. 非常不满意

3. 您对目前景德镇手工制瓷技艺传承保护相关法律法规满意程度（　　）

A. 非常满意　　B. 满意　　C. 有些满意　　D. 无法确定

E. 有些不满意　　F. 不满意　　G. 非常不满意

4. 您对目前景德镇手工制瓷传承保护政府资金、财税支持力度满意程度（　　）

A. 非常满意　　B. 满意　　C. 有些满意　　D. 无法确定

E. 有些不满意　　F. 不满意　　G. 非常不满意

5. 您对目前景德镇手工制瓷技艺传承人认定制度满意程度（　　）

A. 非常满意　　B. 满意　　C. 有些满意　　D. 无法确定

E. 有些不满意　　F. 不满意　　G. 非常不满意

6. 您对目前景德镇手工制瓷技艺代表项目认定制度满意程度 （ ）

    A. 非常满意　　B. 满意　　C. 有些满意　　D. 无法确定

    E. 有些不满意　　F. 不满意　　G. 非常不满意

7. 您对目前景德镇手工制瓷技艺人才培养政策满意程度 （ ）

    A. 非常满意　　B. 满意　　C. 有些满意　　D. 无法确定

    E. 有些不满意　　F. 不满意　　G. 非常不满意

8. 您对目前生产性保护基地建设模式满意程度 （ ）

    A. 非常满意　　B. 满意　　C. 有些满意　　D. 无法确定

    E. 有些不满意　　F. 不满意　　G. 非常不满意

9. 您对目前景德镇手工制瓷技艺传承保护宣传工作满意程度 （ ）

    A. 非常满意　　B. 满意　　C. 有些满意　　D. 无法确定

    E. 有些不满意　　F. 不满意　　G. 非常不满意

10. 您对目前政府、社会组织、传承人、企业（工作室）以及消费者之间协同参与传承保护景德镇手工制瓷技艺工作满意程度 （ ）

    A. 非常满意　　B. 满意　　C. 有些满意　　D. 无法确定

    E. 有些不满意　　F. 不满意　　G. 非常不满意

11. 您对目前景德镇政府、社会组织关于维护消费者权益工作方面满意程度 （ ）

    A. 非常满意　　B. 满意　　C. 有些满意　　D. 无法确定

    E. 有些不满意　　F. 不满意　　G. 非常不满意

12. 您对目前景德镇陶瓷企业（工作室）提供的产品和服务满意程度 （ ）

    A. 非常满意　　B. 满意　　C. 有些满意　　D. 无法确定

    E. 有些不满意　　F. 不满意　　G. 非常不满意

附录6 陶瓷产业集群评价指标重要性比对评估调查问卷

No. _____

尊敬的专家：

您好！

我们是景德镇陶瓷大学《陶瓷产业集群评价》课题研究调查小组，现正在进行陶瓷产业集群评价指标权重研究，现建立陶瓷产业集群发展（TFZ）评价指标体系如附表6-1所示。

附表6-1 陶瓷产业集群发展（TFZ）评价指标体系

一级指标	代号	二级指标	代号	二级指标解释或计算方法
集聚程度	JJ	规模以上陶瓷企业单位数（个）	DWS	从陶瓷产业集群主导产业的成员数量角度反映陶瓷产业集群的规模和集聚程度
		陶瓷工业资产总额（亿元）	ZCE	从陶瓷工业资产投入角度反映陶瓷产业集群的规模和集聚程度
		陶瓷产业从业平均人数（万人）	CYS	报告期内陶瓷产业从业人员的平均数量，从陶瓷产业集群主导产业的劳动人员角度反映陶瓷产业集群的规模和集聚程度

一级指标	代号	二级指标	代号	二级指标解释或计算方法
竞争程度	JZ	陶瓷产品市场占有份额（%）	ZYE	集群陶瓷市场占有份额＝集群陶瓷产业主营业务收入/全国陶瓷产业主营业务收入，反映集群对市场的控制能力×100%
		陶瓷产业销售利润率（%）	LRL	陶瓷产业销售利润率＝集群陶瓷产业利润/集群陶瓷产业主营业务收入×100%
		规模以上陶瓷企业单位数增长率（%）	DWZ	从陶瓷企业的数量变化反映陶瓷产业集群的竞争程度×100%
合作程度	HZ	陶瓷产业货物周转量（亿吨/公里）	ZZL	从货物运输角度反映地区对陶瓷产业的合作程度
		陶瓷产业贷款（亿元）	TDK	从金融支持角度反映地区对陶瓷产业的合作程度
		陶瓷产业保险（亿元）	TBX	从保险支持角度反映地区对陶瓷产业的合作程度
创新能力	CX	陶瓷工业科技活动人员占比（%）	KJR	陶瓷工业的科技活动人员占从业人员的比重×100%
		陶瓷工业研发费用与主营业务收入比（%）	YFF	反映陶瓷工业的研发费用投入强度×100%
		陶瓷工业新产品产值率（%）	XCP	陶瓷工业新产品产值率＝陶瓷工业新产品产值/陶瓷工业总产值×100%
集群产出	CC	陶瓷工业总产值（亿元）	TZC	反映在报告期内陶瓷工业生产的总规模和总水平
		陶瓷工业增加值占GDP比重（%）	ZBZ	陶瓷工业增加值占GDP＝陶瓷工业增加值/GDP×100%
		陶瓷产品出口（亿元）	TCK	反映景德镇陶瓷产品出口规模

现需要参考专家意见，考察各指标对陶瓷产业集群发展影响程度的大小，特请您根据自己的判断，对陶瓷产业集群发展评价指标的重要性进行比较，比较结果请用数字1~9及它们的倒数进行标度，规则如附表6-2所示。

附表 6-2　1～9 标度规则

标度	含义	标度	含义
1	两个指标相比，具有同等重要性	9	两个指标相比，前者比后者极端重要
3	两个指标相比，前者比后者稍重要	2、4、6、8	上述相邻判断的中间情况
5	两个指标相比，前者比后者明显重要	1～9 数字的倒数	若指标 i 与指标 j 重要性比较结果为 a_{ij}，那么指标 j 与指标 i 的重要性比较结果为 $a_{ji} = 1/a_{ij}$
7	两个指标相比，前者比后者强烈重要		

请您用上述规则对下面附表 6-3 至附表 6-8 中的指标进行比较，并填写比较结果于判断矩阵表中：

1. 请判断准则层对目标层的重要性（一个表格）：

附表 6-3　陶瓷产业集群发展评价指标体系

（TFZ）	JJ	JZ	HZ	CX	CC
JJ					
JZ					
HZ					
CX					
CC					

2. 请判断方案层对准则层的重要性（五个表格）：

附表 6-4　集聚程度比对矩阵表

JJ	DWS	ZCE	CYS
DWS			
ZCE			
CYS			

附表 6-5　竞争程度比对矩阵表

JZ	ZYE	LRL	DWZ
ZYE			
LRL			
DWZ			

附表 6-6　合作程度比对矩阵表

HZ	ZZL	TDK	TBX
ZZL			
TDK			
TBX			

附表 6-7　创新能力比对矩阵表

JZ	KJR	YFF	XCP
KJR			
YFF			
XCP			

附表 6-8　产出能力比对矩阵表

CC	TZC	ZBZ	TCK
TZC			
ZBZ			
TCK			

谢谢您在百忙之中给出的宝贵意见！

附录7　区域经济发展评价指标
重要性比对评估调查问卷

No. ＿＿＿＿＿＿

尊敬的专家：

您好！

我们是景德镇陶瓷大学《区域经济发展评价》课题研究调查小组，现正在进行区域经济发展评价指标权重研究，现建立区域经济发展（JFZ）评价指标体系如附表7-1所示。

附表7-1　区域经济发展（JFZ）评价指标体系

一级指标	代号	二级指标	代号	二级指标计算方法
经济发展速度	SD	GDP 增长率（%）	GZZ	=（报告期 GDP−基期 GDP）/基期 GDP×100%
		固定资产投资完成额增长率（%）	TZZ	=（报告期固定资产投资完成额−基期固定资产投资完成额）/基期固定资产投资完成额×100%
		社会消费品零售总额增长率（%）	XZZ	=（报告期社会消费品零售总额−基期社会消费品零售总额）/社会消费品零售总额×100%

一级指标	代号	二级指标	代号	二级指标计算方法
经济运行质量	ZL	全社会劳动生产率（万元/人）	QLL	=地区生产总值/年平均从业人员
		规模以上工业企业主营业务利税率（%）	ZLL	=规模以上工业企业利税总额/主营业务收入×100%
		第三产业增加值增长率（%）	SZL	=（报告期第三产业增加值－基期第三产业增加值）/基期第三产业增加值×100%
经济结构	JG	第三产业占GDP的比重（%）	SZB	=第三产业增加值/GDP×100%
		就业结构优化度（%）	YHD	=第二产业、第三产业从业人员/总就业人员比重×100%
		工业化程度系数（%）	GCD	=工业增加值/GDP×100%
人均经济成果	CG	人均GDP（元）	RJG	=GDP/总人口
		城镇居民人均可支配收入（元）	RKZ	=（家庭总收入－缴纳的所得税－个人缴纳的社会保障支出－记账补贴）/家庭人口
		农村居民人均纯收入（元）	RCS	=调查户纯收入之和/调查户常住人口总和
经济可持续发展	CX	GDP能耗降低率（吨标准煤/万元）	NJL	=－（报告期GDP能耗－基期GDP能耗）/GDP能耗×100%
		城市化率（%）	CHL	=城镇人口/总人口×100%
		从业人口占比（%）	CRB	=从业人口/总人口×100%

现需要参考专家意见，考察各指标对区域经济发展影响程度的大小，特请您根据自己的判断，对陶瓷产业国际竞争力评价指标的重要性进行比较，比较结果请用数字1~9及它们的倒数进行标度，规则如附表7-2所示。

附表7-2　1~9标度规则

标度	含义	标度	含义
1	两个指标相比，具有同等重要性	9	两个指标相比，前者比后者极端重要

续表

标度	含义	标度	含义
3	两个指标相比，前者比后者稍重要	2、4、6、8	上述相邻判断的中间情况
5	两个指标相比，前者比后者明显重要	1~9 数字的倒数	若指标 i 与指标 j 重要性比较结果为 a_{ij}，那么指标 j 与指标 i 的重要性比较，结果为 $a_{ji} = 1/a_{ij}$
7	两个指标相比，前者比后者强烈重要		

请您用上述规则对附表 7-3 至附表 7-8 中的指标进行比较，并填写比较结果于判断矩阵表中：

1. 请判断准则层对目标层的重要性（一个表格）：

附表 7-3　区域经济发展评价指标体系

JFZ	SD	ZL	JG	CG	CX
SD					
ZL					
JG					
CG					
CX					

2. 请判断方案层对准则层的重要性（五个表格）：

附表 7-4　经济发展速度比对矩阵表

SD	GZZ	TZZ	XZZ
GZZ			
TZZ			
XZZ			

附表 7-5　经济运行质量比对矩阵表

ZL	QLL	ZLL	SZL
QLL			
ZLL			
SZL			

附表7-6　经济结构比对矩阵表

JG	SZB	YHD	GCD
SZB			
YHD			
GCD			

附表7-7　人均经济成果比对矩阵表

CG	RJG	RKZ	RCS
RJG			
RKZ			
RCS			

附表7-8　经济可持续比对矩阵表

CC	NJL	CHL	CRB
NJL			
CHL			
CRB			

谢谢您在百忙之中给出的宝贵意见！